アニメ人、オレの映画3本

TV Bros.編集部 責任編集

CONTENTS

梅津泰臣 003

足立慎吾 018

平尾隆之 036

荒木哲郎 050

伊藤智彦 067

川元利浩 082

湯浅政明 098

本郷みつる 115

川崎芳樹 130

結城信輝 144

今石洋之 161

馬越嘉彦 179

長濵博史 192

平松禎史 205

神山健治 218

本田雄 234

押井守 247

ネタバレ御免!!

本インタビューには、作品のネタバレに触れる箇所があります。“ネタバレは勘弁!!”という方は、映画鑑賞後にお楽しみください。

本書は『TV Bros.WEB』の連載「アニメ人、オレの映画３本」に掲載されたインタビューをまとめたものです。本文の訂正は最小限にいたしました。年号・表記等は原則掲載時のまま記しています。

聞き手・構成・文／渡辺麻紀

オレの映画3本

『母なる証明』

『レミーのおいしいレストラン』

『ジョジョ・ラビット』

INTERVIEW

001

梅津泰臣

PROFILE

YASUOMI UMETSU

1960年12月19日生まれ。福島県出身。アニメーション監督・アニメーター・脚本家。

おもな監督作品に『A KITE』(98)、『MEZZO FORTE』(00)、『ガリレイドンナ』(13)、『ウィザード・バリスターズ 弁魔士セシル』(14) 等。『文豪ストレイドッグス』、『刀剣乱舞-花丸-』(ともに16)、『美少年探偵団』(21) 等のオープニング・エンディングディレクターとしても活躍。最新監督作のアニメシリーズ『ヴァージン・パンク』の第1弾「Clockwork Girl」が2025年6月27日より劇場公開予定。

1本目

「母なる証明」

強烈な印象を残す、息子を溺愛する母親像

――梅津さん、まずは1本目をお願いします。

梅津　数年ほど前に出版された映画秘宝の別冊（『アニメクリエイターの選んだ至高の映画』）で20本選んでいて、そのときの基準は、僕が東京に出てきて本格的に映画を観るようになってからの作品だった。今回はそのとき選んだ作品を外した上で、ここ数年、何度も観直している映画を選んでみました。その1本はポン・ジュノの『母なる証明』（09）です。

――ポン・ジュノと言えば『パラサイト　半地下の家族』（19）でアカデミー賞に輝いた韓国の監督。今やインターナショナルな監督になりましたよね。

梅津　ポン・ジュノの作品で最初に観たのは『グエムル―漢江の怪物―』（06）。「面白いじゃん！」と思って、過去に遡り『殺人の追憶』（03）を観た。『母なる証明』を観たのは今から2年くらい前で、きっかけになったのは『アジョシ』（10）。ウォンビンのアクションがかっこよくて、この人、どんな映画に出ているんだろうと調べてみたら『母なる証明』に出ていて、「何だポン・ジュノの作品だ」ということで観たんです。タイトルは知っていたけど、なかなか観るに至らなかった作品でした。

――『アジョシ』のウォンビンはかっこいいですが、『母なる証明』のほうは知的障害のある青年で、まるで違う役ですよね。

梅津　そう、まるで別人。そうか、この人、こういう演技もできるんだと驚いたんだけど、それ以上に強い印象を残したのは母親のほうだった。そういう息子を盲目的に愛する母親。何があっても息子を守ろうとする――母親って、やっぱりそういうものなのか？って感じで。そういう人間の業のような部分を描いているせいもあってか、僕は今村昌平を思い出しちゃった。人間の欲望や嫉妬を生々しく描くようなアプローチ。そして、土着的なところも。そういう肌触りに共通するものを感じたんですよ。

――『復讐するは我にあり』（79）とか？

梅津　そうそう。ちょっとそんな感じ。それに、何度観ても面白いのは、緻密に伏線をはっていて、しかもいろんな解釈ができるように作っているところ。だから、たとえ3回目であろうと、「待てよ、これってそういう意味だったのか？」みたいに、新たな考えが浮かんでくる。

――私も今回、観直したんですが、そういう解釈の幅はありますよね。ウォンビン扮する息子が、5歳のころに母親から農薬を飲まされたことを憶えていて、母親が驚愕するというエピソードがあり、これもいろんな解釈ができる。

梅津　生活が苦しかったから心中するつもりだった、みたいなことを言っているけど、息子に先天的な障害があって苦しかったのか、それとも農薬を飲まされたことで障害が残ったのか。後者なら、母親が命をかけて息子を守ろうとするのは贖罪にも見える。本当にいろんな解釈ができる。

――調べてみるとポン・ジュノ、今村昌平好きみたいですね。好きな映画は『復讐するは我にあり』と『赤い殺意』（64）だそうです。

梅津　じゃあ、僕が感じた肌触りも、あながち間違ってはいなかったんだ。もうひとつ、この映画が僕にとって強烈な印象を残したのは、息子を溺愛する母親像。僕の母親もそういうところがあって、思春期の僕はそれが本当にウザかった。だから、一刻も早く家を出たくて上京したんです。それからずーっと、確か10年くらいは実家に帰らず、親戚一同に親不孝すぎるといって叱られたこともある。

――そういう個人的な理由もあるんですね。

梅津　うん。しかもこの母親には名前がない。ほかの登場人物にはみんな名前があるのに彼女だけない。刑事も「おばさん」とか「お母さん」とか呼んでいたんじゃないかな。そうやって匿名化するところも、母親のひとつの象徴的な姿と思えて、自分の経験と重ねてしまうんでしょうね。

――演出的にはいかがでしたか？

梅津　上手いですよ。冒頭の薬草を切っているシーンとか、指を切るんじゃないかとドキドキでしょ。僕はポン・ジュノって液体の演出が上手い監督という印象があって、この作品でも血や小便、水の演出が上手い。倒れたペットボトルの水が広がり、眠っている人間の指に触れそうになるシーンとか、それだけでドキドキしますからね。

――確かにそうですね。

梅津　ポン・ジュノの作品は全部観ているけど、一番楽しいとなるとデビュー作の『ほえる犬は噛まない』(00)。これは楽しかった。いろいろ説明不足のところもあるんだけど、たぶん、こういうことを表現したいんだろうという強い想いが伝わってきて、僕はそういうの、嫌いじゃないんですよ(笑)。

――ということは、やはりデビュー作から才能は光っていたんですね。

梅津　そうだと思います。

――なるほど！　では、2本目をお願いしますが、それはまた次回！

母なる証明

Mother/2009年/129分/韓国
監督＆原案＆共同脚本/ポン・ジュノ　出演/キム・ヘジャ、ウォンビン、チン・グ、ユン・ジェムン、ムン・ヒラ

漢方薬店で働きながら、知的障害のあるひとり息子のトジュンを育てる母。ふたりは貧しいながらも、母ひとり子ひとりで懸命に生きてきた。ある日、ふたりが住む町で女子高校生殺人事件が起こる。容疑者として挙がったのはトジュンだった。事件の解決を急ぐ警察はトジュンを犯人と決めつけ、弁護士も頼りにならないなか、息子の無実を信じる母親は、真犯人を探し出し、息子の無実を証明しようと奔走する。『殺人の追憶』(03)、『グエムル-漢江の怪物-』(06)のポン・ジュノ監督が手掛けた長編。第62回カンヌ国際映画祭「ある視点」部門で上映され、第30回青龍賞において最優秀作品賞受賞。第46回大鐘賞では最優秀助演男優賞(チン・グ)を受賞。

2本目［レミーのおいしいレストラン］

さすがチャレンジャーのバードらしい作品

——ちょっと意外ですよね、ブラッド・バードで『アイアン・ジャイアント』（99）や『Mr．インクレディブル』（04）ではなく『レミーのおいしいレストラン』（07）を選ぶのは。

梅津　そうかなあ。でも、『レミー』がピクサー作品のなかでは一番好きで、年に2、3回は観返している。もちろん、『アイアン・ジャイアント』も大好きだけど。

その理由のひとつは、美術と背景が素晴らしいから。パリが舞台で、その街並みが本当に美しく、実際にこういう場所があるに違いないと思わせてくれる。だから、「行ってみたい！」という気分になるんです。アニメーションで、そういう感覚を味わったのはこの映画が初めてだった。

——宮崎（駿）さんの『魔女の宅急便』（89）等もヨーロッパっぽい町を細部にわたって再現していましたけど、そっちじゃなくて、こっちだったんですね（笑）。

梅津　そういう美術のこだわりについては、バードも宮崎さんも同じような系列の監督なんじゃないのかな。作品のなかに、この町は実際に存在しているという説得力をもたせることができる監督。でも、『魔女宅』の町には行きたいとは思わなかったけど（笑）。

あとはやっぱり、料理からはもっとも遠い存在であるネズミがシェフを目指すという発想。しかも白いネズミならまだしも、灰色のドブネズミっぽい感じで、ゴミを漁って食べたりする描写もある。これって、かなりのチャレンジですよ。

——そういうのは、敢えてやったようですよ。

梅津　そういうところは、さすがチャレンジャーのバードだよね。この物語は彼のオリジナルなの？

——『レミー』は、ほかのピクサーのスタッフが抱えていた企画なんですが、なかなか形にならず、プロデューサーのジョン・ラセターがバードにSOSを出し、彼が監督となって仕上げたんです。なので、ストーリーはほかの人のアイデアになります。

梅津　そういう裏話があるんだね。僕が好きだったのは、シェフを目指し、おいしい料理を作りたいレミーだから、二足歩行して手を汚さないようにしていたり、料理の前にちゃんと手を洗うところ。そういう細かい設定も、レミーがシェフになるという、ありえないストーリーを説得力のあるものにしている。それに、レミーの〝ホンキ〟がちゃんと伝わるじゃない。だからこそ、ドブネズミであることを忘れて応援したくなる。こういう丁寧さは学ばなきゃいけないと思いますよ。

——公開のときに話題になったのは「シズル感」ですよね。レミーが作る、単なるオムレツであっても、おいしそう！って思っちゃいますから。

梅津　この映画に出会うまで、ラタトゥイユというフランス料理を食べたことがなかったので食べたんですよ。おいしかった！

——でも、最後のキメの料理が、料理評論家の懐かしい母親の味、ラタトゥイユというのは、ちょっと安直だと思いませんでした？

梅津　それは僕も考えた。自分だったらどんな料理にするだろうって。ラタトゥイユって南フランスの家庭料理だから、日本料理に置き換えると、肉じゃが等のポピュラーな料理になるわけでしょ？　みんなが納得するのは、誰もが知っている料理じゃないといけないんだと思う。名前の難しいフレンチを出すよりも、説得力はあるよ。

——そう言われると、難しい名前のフレンチはさすがにダメでしょうから、やっぱりポピュラーな料理になるのかもですね。

梅津　その辺のことは、ちゃんと考えているよ、バードは。

――梅津さんは、そういう料理の表現にも惹かれて何度も観るんですか？

梅津　いや、一番の理由は、レミーが憧れるシェフのグストーの「誰でも名シェフになれる」という言葉。彼は続けて「偉大な料理は勇気から生まれる」と言うんです。

この言葉や考え方は、料理に限らず、クリエイティブな仕事にはすべて当てはまる。当然アニメーションでも。しかも、そのテーマを体現するのがドブネズミなんだから、それこそ〝勇気〟だと思ってしまう。

――なるほど！

梅津　そういうグストーの対極にいるのが料理評論家のイーゴというじいさんで、料理は「誰にでもできるはずがない」という考え方をもっている。つまり、クリエーターと評論家の関係性も描いているんです。

――だから共感するところが多いんですね。

梅津　そうなんです。で、結局、イーゴはネズミが作ったとは知らずに、ラタトゥイユのおいしさに涙を流す。つまり、「誰でも名シェフ」のほうが正しかったんです。シェフがネズミという真実を知ったイーゴの評が「誰もが偉大な芸術家になれるわけではないが、誰もが偉大な芸術家になってもおかしくはない」「私はお腹を空かせて、またあの料理を食べたい」と言うんですよ。

これは最高の褒め言葉。人間であろうがネズミであろうが、おいしければいいと言っているんです。そしてまた、彼はこんなことも言っている。「評論家にこき下ろされても、料理のほうにこそ意味がある」って。

――評論家のつもりは毛頭ないですが、「これは酷い映画だ」なんて軽く言っている身にとっては耳に痛いセリフ。梅津さんは、クリエーターのひとりとして、そういうセリフが響きまくるんですね。

梅津　そうそう（笑）。しかも、だからといってそのレストランが大繁盛するかと言えば、ネズミが出たせいで潰れちゃう。そこもとてもよかった。ほかの監督なら、ネズミのシェフをみんなが受け入れて商売大繁盛にしちゃうところを、そういう現実的なヒネリを加える。イーゴも、そういう不衛生なレストランを褒めたので職を失うんですよ。そのあとに、こじんまりした幸せを用意していて、そこでもレミーは手を洗っている（笑）。すてきな終わり方だと思いましたね。

——ということは、100点に近い？

梅津　唯一気になったのは、この作品もナレーションで始まるところかな。アメリカのアニメーションはナレーションを使う場合が多い。僕の大好きな『ヒックとドラゴン』（10）もナレーションから始まるから。そういうのはなくても、ちゃんと伝わると思うんだけど。

——子供の観客のことを考えているからかもしれませんね。

梅津　最近は、日本でもそういう作品が多い。某作品なんて、今主人公がどんなことを考えているのか、すべてモノローグで表現していて、かなりウザかった。そんなこと言わんでもヨシ、と言いたくなる。

——ところで梅津さん、『レミー』の場合、キャラクターを描くのは絶対ダメなので、何かほかの絵をお願いしますね。キャラクタービジネスのディズニーはそういうところ、めちゃくちゃ厳しいので。

梅津　そうだった。パリの風景とかを描こうかな。最近、引っ越したんだけど、新しい部屋からの眺めがよくて、レミーがパリの夜景にうっとりする気持ちがよくわかる。やっぱり、眺望は精神的に大切だってことを痛感しましたよ（笑）。

レミーのおいしいレストラン

Ratatouille/2007年/112分/アメリカ
監督＆脚本/ブラッド・バード　製作総指揮/ジョン・ラセター、アンドリュー・スタントン　声の出演/パットン・オズワルト

ネズミのレミーの夢はシェフになること。ひょんなことから憧れのシェフ、グストーの店で見習いとして働く青年リングイニと出会う。レミーの料理の才能に気づいたリングイニはこっそりチームを組んで料理を作ることに……。『Mr.インクレディブル』等の天才ブラッド・バードがお助けマンとして急遽ピクサーに参入し、わずか18カ月で完成させた長編アニメ。本作のキーの料理になるラタトゥイユは、薄くスライスした野菜を重ねて焼き、ソースをかける独自のスタイル。考案したのはサンフランシスコの三ツ星レストラン「フレンチ・ランドリー」のトーマス・ケラー。ラセターはこの店の常連で、映画のコンサルタントを頼めたという。

3本目［ジョジョ・ラビット］

現実を臨場感たっぷり&切実に見つめた1本

――梅津さんは、『母なる証明』（09）、『レミーのおいしいレストラン』（07）に続く3本目として『ジョジョ・ラビット』（20）を選ばれました。

梅津　タイカ・ワイティティという監督の作品は『ラビット』が初めてだったんです。『マイティ・ソー　バトルロイヤル』（17）を撮っているそうだけど、観てなかったので。

ほかの映画を観に行ったとき、もう1本はしごしようと思い、ポスターに惹かれた本作を選んだ。大正解でした。とても面白いだけでなく、昨今の日本のアニメ業界に対する僕の想いを代弁してくれているような作品だったんです。

――それは聞き捨てならない言葉ですね。

梅津　この映画は〝ジョジョ〟とあだ名される10歳のドイツ人少年が主人公で、彼の眼を通して世界を見つめている。その世界というのは第二次世界大戦中のドイツ。つまり、ナチスの支配下に置かれた世界が舞台になる。

子供が主人公だとはいえ、彼らにおもねるところもないし、もちろん子供っぽさもない。子供の視点を活かした映画を、ちゃんと知的かつ大人向けに作っていた。

ジョジョのイマジナリーフレンドが、彼の憧れるヒトラーというファンタジーな部分、笑える部分はあるとはいえ、あくまで現実を見つめた映画。そういう少年の成長ドラマとして、大変素晴らしいと思ったんです。

――子供が主人公であり、ファンタジー的な部分もあるにもかかわらず、とても大人っぽくクレバー。しかもちゃんと現実を直視している、ということですね。

梅津　僕としてはそこがひとつのツボだった。というのも、アニメーションでも子供を主人公にした作品はたくさんあるんだけど、現実を臨場感たっぷりかつ切実に見つめた作品はとても少ない。こういう映画を観ると、実写にはできてアニメにはなぜできないんだろうと思ってしまうわけですよ。

――なるほど。

梅津　それに抑制が効いているでしょ？　ジョジョのお母さんが反ナチだったので絞首刑にされて街で遺体が晒されるわけだけれど、その死をお母さんの揺れる足先だけで表現している。あのシーンは上手いなーと思いましたね。

――絞首刑にされたお母さんの垂れてぶらぶらしている足にジョジョがしがみつく。母親の死の表現が間接的だけど、とても印象的でしたね。

梅津　ああいう死別の表現がアニメではあまり見られない。その足を印象付けるための演出もしているし、靴に関しては、ジョジョがまだ靴紐が結べないという前振りがあり、母親がいなくなり、悲しみを乗り越えた最後に、やっとひとりで結べるようになる。成長を靴紐でも表しているんです。

一方、某劇場アニメの親子の死別シーンは、残された親が泣いて泣いて泣きまくり、カメラも回り込んでこれでもかの悲しみ演出をしている。演出過多なんです。僕は親子の心情に寄り添いたいのに演出が邪魔をしていると感じました。そういうのって引いちゃいませんか？

――そこまでやるって、ちょっとしたジョークのつもりなのでは？

梅津　いや、真面目にやっていると思いますよ。

――そうなんだ……そういうのって、演出家が観客を信用してないからなんですかね。つまり、それぐらいしつこく表現しないと観客はわからないと思っている。

梅津　あるいは、伝わらないのではという不安が制作側にあるのか？　僕にも理由はわかんないですけどね。少なくとも『〜ラビット』のような奥ゆかしさは昨今のアニメにはあまりない。

——あの大ヒットした『劇場版「鬼滅の刃」無限列車編』(20)も、キャラクターが考えていること等、すべてセリフにして伝えていると聞きましたが、そうやって説明過多なのが最近のアニメ界の風潮なんですか？

梅津　そんなこと僕に言わせないでくださいよ(笑)。

——ですね、失礼しました！　というか、アニメの演出問題ではなく原作がそうだからだと思いますが。

梅津　あとは、お母さんを演じたスカーレット・ヨハンソンもとてもよかった。不在の父親に代わり、口ひげを付けたジョジョとスカーレットが躍るシーンなんて、とてもすてきでしたよ。

彼女の映画はそれなりに観ているんだけど、きれいな人だなあと思ったのは今回が初めて。

——スカーレットのいいところは、主演であることにこだわらなくて、脇でも出演する。さらに脱ぎっぷりもいい。私は脱ぎっぷりのいい女優さん、大好きなので。

梅津　脱いでるの？

——『アンダー・ザ・スキン　種の捕食』(13)のときは惜しみなく全裸ですから。もうハリウッドの人気スターなのに、こういうインディペンデントの映画でも要求されればちゃんと応える。素晴らしいと思います。

梅津　その映画、知らないけどいいの？

——とてもよかったですよ。彼女がエイリアン役なんですけど、映像と音楽のコラボレーションが素晴らしく、その映像のセンスがソリッドで美しいんです。

梅津　音楽といえば、この映画のビートルズの使い方も最高じゃないですか？　冒頭のタイトルバックで、ナチに狂喜する若者たちのニュース映像に、ビートルズがドイツ語で歌った「抱きしめたい」がかかる。このセンスは凄いと思いました。いろんな映画でビートルズの曲は聴いてきたけど、今回の使い方がベストのひとつですよ、絶対。思わずサントラ買っちゃった（笑）。

――まさに意表を突いたオープニングでしたね。

梅津　ビートルズもひとつのアイコンで、ヒトラーもアイコン。アイコンという共通点を活かしたんでしょうね。アイコンは人を夢中にさせ狂わせるという意味では同じだから。それに、最後にはデヴィッド・ボウイの「ヒーローズ」も流れるでしょ？　調べてみたらボウイやビートルズもドイツとのつながりがあったようなので、もしかしたらそんなことも考慮した上で使用したのかもしれない。

音楽ではもうひとつ、トム・ウェイツの「大人になんかなるものか」が、ジョジョがヒトラーユーゲントのキャンプに参加しているシーンで使われている。まさに「本当はそんな大人にはなりたくない」というジョジョの気持ちを伝えているんです、おそらく。このセンスも凄い。タイカ・ワイティティってセンスの塊じゃね？って思いましたから。演出の思慮深さ、音楽のチョイス、キャスティングの妙、めちゃくちゃクレバーですよ。

――そう言われれば、確かにそうかもですね。

梅津　これからワイティティには注目したいなと思っています。

――『ザ・スーサイド・スクワッド〝極〟悪党、集結』（21）には役者で出演していますよ。なかなか印象的な役で（笑）。

梅津　本作でもジョジョのイマジナリーフレンドのヒトラー役で出演しているから、演技もお得意ってことですね。それもチェックしますよ！

ジョジョ・ラビット

Jojo Rabbit/2020年/109分/アメリカ
監督&脚本&出演/タイカ・ワイティティ　出演/ローマン・グリフィン・デイビス、スカーレット・ヨハンソン

第二次世界大戦下のドイツ。10歳の少年ジョジョの友だちは、空想のなかに登場するアドルフ・ヒトラー。夢は立派なヒトラーユーゲントになることだ。ところがある日、訓練中にウサギを殺す課題ができず、みんなに「ジョジョ・ラビット」と言われて、からかわれてしまう。アカデミー賞では作品・助演女優賞（スカーレット・ヨハンソン）・脚色・編集・美術・衣装デザインの6部門でノミネートされ、脚色賞（タイカ・ワイティティ）を受賞した。ニュージーランド出身のワイティティは『シェアハウス・ウィズ・ヴァンパイア』（14）で注目を集め、MCU映画『マイティ・ソー　バトルロイヤル』（17）の監督に大抜擢。これを成功に導いたのち『〜ラビット』でアカデミー賞を受賞。

017　梅津泰臣

オレの映画3本

『ロッキー』シリーズ

『とべ！くじらのピーク』

『パルプ・フィクション』

INTERVIEW

002

足立慎吾

PROFILE

SHINGO ADACHI

7月5日生まれ。大阪府出身。アニメーション監督・アニメーター・脚本家。
おもな参加作品にキャラクターデザインや総作画監督等を担当したTVアニメ『流星のロックマン』(06-07)『WORKING!!』(10)、『ソードアート・オンライン』(12)、『ガリレイドンナ』(13)、映画『劇場版 ソードアート・オンライン-オーディナル・スケール-』(17)、『映画大好きポンポさん』(21) 等がある。『リコリス・リコイル』(22)でTVアニメ初監督を務めた。

1本目 「ロッキー」シリーズ

賢者の言葉より響く、ロッキーの人生訓

――足立さんのまず1本目は『ロッキー』シリーズです。6本あるなかの1本ではなくシリーズで選ばれました。

足立 僕はどの映画を観ても面白いと思ってしまうほうなので、3本を選ぶだけでも大変。ましてや、それに順位をつけるなんてできるはずがない。なので今回は、それぞれ節目的な存在になった作品を選んでみたんです。『ロッキー』シリーズは、簡単に言ってしまえば、映画を観始めた子供のころの初期衝動という感じで好きだった作品。カメラワークがどうとか、脚本が云々とか、そういう批評的な視線はまるでない、純粋な意味で「わー、よかった！」といえる作品。〝ロッキー〟というキャラクターに出会えて、映画が大好きになったと言っていいのかも（笑）。僕を映画好きにしてくれたキャラクターであり作品だと思いますね。

――『ロッキー』の1作目が日本で公開されたのは1977年でした。

足立 なので当然、1作目は中学生のころビデオで観たんです。アカデミー賞ももらっているし、おそらく評論家的、世間的にはこれがベストという評価なんだろうけど、正直言うと、それほど興奮したわけじゃない。ベトナム戦争が終わったばかりで、アメリカも豊かとはいえない時代性が強く出ていて、

おそらく同じ時代を生きた人が共感できるような作品なんだと思うんです。

僕が面白いと感じるようになったのはエンタメにシフトした『ロッキー2』(79)から。『1』で判定負けしたアポロと再びリングで闘うシーンがこの作品の一番のハイライトです。それまでお話がムチャだったりしても、このファイトですべて忘れ、ロッキーを応援する。当然、ロッキーもかっこいいわけだし。

――そういうリング上のロッキーが大好きだったんですか?

足立　いや、そういう彼の雄姿はサブに過ぎなくて、僕が心打たれたのは、彼がときどき口にする人生訓のようなセリフ。ろくろく教育も受けてない、ボクシング一筋の彼の口から、人生の真実のようなセリフがこぼれる。僕はそれが大好きだったんです。

ほら、子供がふと哲学的なことを言っちゃったりするときってあるじゃないですか。プラトンとかソクラテスとかの賢者や、そういう研究をずっとしている学者の言葉に含蓄があるのは当然だけど、そうじゃない人がポロっとそういう言葉を口にすると、賢者の言葉より心に届くと思うんです。

しかもロッキーの場合、その言葉は、ちゃんと自分で血と汗と涙を流しながら生きてきたからこそのもの。そこには彼の人生そのものが感じられる。そういう言葉だから、多くの人にとって代替可能な哲学が入っているんですよ。

――確かに『ロッキー・ザ・ファイナル』(06)でも「人生ほど重いパンチはない」と言ってましたね。いいセリフだなあと思いました。

足立　でしょ? まさにそういうセリフがちりばめられている。そのセリフがある『ファイナル』のとき、シルベスター・スタローンもすでに60歳。一般的にいうと定年で引退してもいい年齢ですよ。そういう男がもう一度、リングに立つ話ですから、そのセリフも深くなるんです。

そこでもうひとつ、言っておきたいのは、このシリーズで僕が大好きなのは、スタローンという映画人の人生と、ロッキーという架空のキャラクターの人生が重なりあうところなんです。

ふたりとも同じように年齢を重ね、同じように挫折を味わい、同じように復活し、闘い続けてきた。一方でファンや観客も、スタローンやロッキーと同じように年齢を重ね、いろんな人生を経験してきている。だからこそ共感度が高いんだと思うんです。

——そういうところはありそうですね。

足立　それにスタローンは、テーマをそういう人たちの年齢に合わせたり、時代性を意識して選んでいる。シリーズで一番ヒットしたという4作目の『ロッキー4／炎の友情』(85)は冷戦から雪解けに向かっていた時期だったから、そういう要素をドルフ・ラングレン扮するソ連のボクサー、ドラゴとの闘いにもち込んでいる。

最初はアポロとドラゴが闘い、アポロが激戦の末、亡くなってしまう。その復讐のためロッキーはソ連に向かい、そこでドラゴと非公式の試合をする。敵側なので会場は最初、ブーイングの嵐なんだけど、その試合っぷりを観てそのブーイングが歓声に変わるんです。そこには、ロシア人は決して敵ではない。みんなと同じようにスポーツが大好きで、いいファイトには惜しみなく拍手を送る普通の人なんだってメッセージが込められている。そういう描写を見ると、やっぱりスタローンって時代をちゃんと見据えているんだなと思っちゃいますよ。

——確かにそうですね。

足立　で、問題は『ロッキー5／最後のドラマ』(90)。僕、『5』は失敗作だと思っていて1回しか観てなかったので昨晩、観直したんです。改めて観たら、これもアリだなって思いましたね。まずかったのは、因縁の弟子との勝負がリングじゃなくてストリートだったところ。ふたりがストリートファイトしてロッキーが弟子を破り、あのテーマ曲が流れて終わりですからね。この印象が悪かったので評価も低かったんですが、ロッキーはブレてないしシナリオもい い。息子との向き合い方もよく、テーマもある。そして、やっぱりセリフですよ。息子に「人生にはA面とB面がある」と言い「俺はB面、お前はA面。何不自由のないお前の目から俺は人生を見直している」。そして「そうすることで人生が楽しく見える」って。めちゃくちゃかっこいいセリフですよ(笑)。

——書いているのもスタローン自身ですしね。

足立　続く『ファイナル』ももちろんスタローンで、成長したその息子に、「人生は大きな敵だけど、そのたびに立ち上がればいい。立ち上がれば負けにならない。負けないことが重要。ずっと挑戦し続けていれば人生は負けではない」みたいなことを言う。これも、すげえかっこいいなあって。ロッキーが言うと、やっぱり心に響くんです。

——自分でそれを体現してきたキャラクターだから説得力がハンパないわけですね。

足立　そうです。『ファイナル』のリングに立つためにプロボクシングのライセンスの再発行を審議されるシーン。僕はこのシーンが大好きなんです。ロッキーは体を鍛え直し、ちゃんと再発行してもらえるまで整えるんだけど、審議会は年齢を考えてOKしない。そこでロッキーは「誰にだって夢がある。オレの幸福の追求を邪魔しないでくれ。年を取るほど失うものも多い。残ったわずかなものまで奪わないでくれ」って、最高じゃないですか？　このセリフに作品のテーマが集約されているんです。ずっとロッキーと一緒に年を重ねてきた観客は、こういうセリフやこういう人生の攻め方を観て勇気をもらう。共感しちゃうんです。

——あのシーンはいいですよね。

足立　でしょ（笑）？　しかもそれを口にするのがスタローンじゃないですか。スタローンとロッキーってイコールなんですよ。1作目が大ヒットしてアカデミー賞までもらい、スタローンも劇中のロッキーと同じようにアメリカンドリームを手に入れた。その後、シリーズを続け、評論家から叩かれることも多かったけれど、それでも作り続けていった。『ロッキー』だけじゃなく『ランボー』シリーズ（82〜）やほかの作品も。そういうところもロッキーと被ってしまう。

僕なんか、一回成功して5億とかもらったら、宮古島でのんびり暮らそうなんて思っちゃうけど、スタローンは挑戦し続ける。彼の生き方を見ていたら、たとえ5億円もらっても「宮古島に行くの、今はよそう」と思える（笑）。まだまだいいモノ作ります！って気持ちになりますからね。

――スタローンは、今だに現役でがんばっていますからね。

足立　実は今回の企画で僕を指名してくれた梅津（泰臣）さんにもロッキー的なところがあるんです。いろんな企画を考え、常に攻めの姿勢だから。僕なんてこの年で、もう疲れたなんて弱音を吐いちゃうけど、梅津さんの姿を見ていたら、彼の半分しか経験のないオレがそれでいいのかと思いますからね。がんばらなきゃ（笑）。

――『ロッキー』シリーズは、足立さんの背中を押してくれる作品でもあるんですね。では足立さん、次はどんな作品にしますか？

足立　『ロッキー』シリーズは映画に目覚めたきっかけだったので、次は僕がアニメに目覚めるきっかけを作ってくれた作品のお話をしたいと思います。

『ロッキー』シリーズ

『ロッキー』(76)、『ロッキー2』(79)、『ロッキー3』(82)、『ロッキー4/炎の友情』(85)、『ロッキー5/最後のドラマ』(90)、『ロッキー・ザ・ファイナル』(06)

1976年に公開の『ロッキー』はその年のアカデミー賞で作品賞やスタローンの主演男優賞と脚本賞等、9部門でノミネートされ、作品賞とジョン・G・アビルドセンの監督賞を受賞。その後、シリーズ化された『ロッキー』でスタローンは全6作すべての脚本を手掛け、『ロッキー』と『ロッキー5』をジョン・G・アビルドセンが監督、残りの4作では自ら監督も務めた。ロッキーのスピンオフともいえる作品『クリード　チャンプを継ぐ男』(15)では、スタローンがじいさんになったロッキーを演じアカデミーの助演男優賞にノミネート。監督＆脚本のライアン・クーグラーもブレイクした。その後『クリード 炎の宿敵』(18)、『クリード 過去の逆襲』(23) が製作。

2本目［とべ！　くじらのピーク］

うつのみやさんの魅力が味わえる『ピーク』

――今回は、足立さんが大きな影響を受けたというアニメーション『とべ！　くじらのピーク』(91)ですね。

足立　今回、僕がこの連載企画に参加したのは梅津さんの紹介を受けたから。梅津さんは僕が尊敬しているアニメーターのひとりであることは前回でも語りました。で、もうひとりの尊敬するアニメーターが『〜ピーク』の作監（作画監督）とキャラクターデザインを担当している、うつのみやさとるさんなんですよ。

――うつのみやさんは押井（守）さんの『御先祖様万々歳！』(89)もやっていらっしゃいますよね。私も大好きです。キャラデザインがモダンだし、絵もとても上手な方という印象です。

足立　うつのみやさんがやっているということも手伝って、僕は押井さんの作品のなかで一番好きなのが『御先祖様〜』なんです(笑)。

――ということは『〜ピーク』でうつのみやさんを初めて知り、大好きになったとか？

足立　いや、それがうつのみやさんの仕事を初めて観たのは、今でいうMADムービーのようなお手製の編集されたビデオ。ひとりのアニメーターが描いたいい動きだけを集めて編集したビデオを見せられたんです。そのなかに梅津さんとうつのみやさんの作品があった。

——それはいつごろですか？

足立　大学に入ったころです。当時の僕はまるでアニメの知識がなくて、一般の人と同じようにアニメ関係で知っている人は宮﨑（駿）監督というくらい（笑）。高校時代になりたかった職業は漫画家だったけれど、それも絵じゃなくて物語を紡ぎたかったからです。とはいえ漫画は絵がマストなので勉強しようと思い、大学の第一志望を絵にしたんですが、落ちちゃったので次の志望だった映像学科に行ったんです。

——では、その大学でアニメと出会ったわけですね。

足立　そうです。サークルも絵が上手くなれそうなところに入ったら、そこにペーパーアニメーションをやっている先輩がいた。それを見て、そうか、アニメってこうやって作るんだ、自分でも作れるんだって。それまでもアニメは観ていましたが、どうやって作るのかは考えたことがなかった。ハンドメイドで作っている人を見て突然、アニメが現実的になり、とても近い存在になったんです。そういう先輩たちからアニメについていろいろ教えてもらうなかで、うつのみやさんや梅津さんに出会ったわけです。

——それが先ほどのＭＡＤムービー的なものだったんですね。

足立　そのビデオは、ストーリーを追うのではなく、アニメーターの技術だけを抽出したものなので、アニメにはそういう観方もあるのかと驚いたんです。アニメを観るときの、これまでにない視点を教えてもらった感じでしたね。

——うつのみやさんの絵のどういうところに惹かれたんですか？

足立　やはり圧倒的な上手さだと思います。シンプルな線で無駄が一切ない。しかもその線は、ここしかないだろうというところにある。すべてがピンポイントなんです。だから、キャラクターが立っているだけなのに、下から引っ張られているような重力を感じさせる。足が地面に吸い付いていると思わせる絵が描けるって、本当に凄いですよ。そういうアニメーター、ほとんどいませんから。

もうひとつはタイミング。アニメの場合、コマ数が増えるとき原画のポイントが最適なポジションにないとアニメとして成立しないんです。本当に上手い人はそのポジションも常にベスト。3コマで豊かな動きが表現できるのは、原画のポジションが完璧という証拠です。ほら、最近よくアニメの動きを褒める言葉に「ぬるぬる動く」という表現があるじゃないですか？　アニメーターに言わせると、それは賛辞じゃない。ぬるぬる見えるのは、不必要な中割り（動画）が入っていることであり、原画のポイントが悪いということになる。だって、実写の映像が「ぬるぬる動いてる」ようには見えないですよね？

アニメにはアニメの描き方がある。でも、それができずに枚数だけを突っ込んだときに「ぬるぬるした動き」になるんです。

それってアニメーターにしてみれば、実は褒め言葉なんかじゃなく、「へたくそ」って言われてるようなもんですから。

――ということは、足立さんは、そういううつのみやさんの仕事を見て、アニメーターを目指したんですね？

足立　そうです。でも、そう言い切っちゃうと、「足立、こんなかわいい女の子を描いていて、作風がまるで違うだろう」とツッコまれちゃいそうですが（笑）、人って往々にして、自分が評価されたい方面で評価されないものですよね？

僕はアクションや動きをやりたくてアニメーターになったのに、そっちのほうではいい仕事ができなかったんだと思う。でも、女の子を描いたら声がかかるようになり、そういう仕事や作品が多くなった。だから、仕事ってそういうものだと思っているんですよ。

――今回、『〜ピーク』を観直したんですか？

足立　DVDをもっていたんですが、みんなに薦めているうちにどこかに行っちゃって。でも、ちょうど、Amazon Prime Videoに入っていたので久しぶりに観直しました。20年、アニメーターをやってきた目で改めて観ると、背景が完璧に絵だったことに今さらながら驚いてしまった。

最近の背景はフォトリアルで、そういうほうが手がかかっていることになっている。違う言い方をすれば、ると、実写のように見せるほうがいいアニメという風潮ですよね。でも、それは違うんじゃないかと僕は思っている。そもそもアニメは絵なんだから、必ずしもリアルである必要はないし、フォトリアルに見えるのは、写真を加工している場合もありますからね。

その点『ピーク』はすべて〝絵〟であることが伝わってくる。絵の背景のなかで絵のキャラクターが動くからハンドメイド感もアナログ感もハンパない。凄いのは、そのなかでも、あらゆるアナログなアニメのテクニックを使って創り上げている点なんです。ある意味、それはとても豊かだと思いましたね。今はもうできない作り方だし。

『ピーク』の時代は、総作監制が今ほど徹底してなかったので、担当アニメーターの個性が色濃く残っている。今は作監がすべて直して均等にしてしまうし、そもそもレイアウトのときに修正が入る。原画を描くときは、それをなぞるだけでいいようになっちゃったんです。そういう意味でも『ピーク』はいいんですよ。

うつのみやさんの魅力をまるまる味わえる劇場映画って、この『〜ピーク』と『ＭＡＲＯＫＯ 麿子』(90／『御先祖様万々歳！』の劇場版)だけかな。あとは短編の『三本の証言者』(15)。うつのみやさんが監督&脚本&作監を担当しているから、これこそうつのみやさん１００％。彼の魅力を堪能できます。

――『三本の証言者』はドワンゴと庵野秀明さんの制作会社カラーの企画「日本アニメ(ーター)見本市」のなかの１本ですね。

足立　僕はアニメーターになったとき、梅津さんとうつのみやさんに会えれば本望だと思っていた。ラッキーなことに梅津さんとは会えて、仕事も一緒にできたけど、うつのみやさんはまだ。一度、一緒に仕事ができればと思っているんですよ。そうなれば、夢が叶って、僕のアニメーター人生は「上がり」になっちゃいますね(笑)。

とべ！ くじらのピーク

1991年/80分/日本
監督＆絵コンテ/森本晃司　脚本/森本晃司、信本敬子　キャラクターデザイン＆作画監督/うつのみやさとる　声の出演/佐々木典子

スペインのとある海辺で、少年カイは傷ついた子クジラと出会い「ピーク」と名付ける。やがて元気を取り戻したピークに、町のシーサーカスが目を付け、連れ去ってしまう。原秀人の『くじらにのった少年』を劇場アニメーション化した作品で、監督は『音響生命体ノイズマン』(97)や『パイロットフィルム「鉄コン筋クリート」(3DCGパイロット版)』(99)等で知られる森本晃司が務めた。原作の挿絵とは異なるモダンなキャラクターデザインと丁寧な作画はうつのみやさとるによるもの。うつのみやさとるのその他の作品に、原画を担当した『イノセンス』(04)、『スカイ・クロラ The Sky Crawlers』(08) 等。

3本目

［パルプ・フィクション］

余分なところこそ楽しいタランティーノ映画

――3本目は『パルプ・フィクション』（94）を挙げていらっしゃいます。この作品を選んだ理由は？

足立　子供のころに観て、映画における初期衝動となったのが『ロッキー』シリーズ（76〜06）。『〜ピーク』（91）は僕もアニメをやろうと思わせてくれた初期衝動の作品。そして『パルプ〜』は、アニメでも観てみたいタイプの作品です。クリエーターとして参加してみたい作品かなぁ。

――ということは、『パルプ〜』は未来の自分にとって重要な作品ということですね？

足立　そんな大袈裟なことじゃないけど、アクション等に制限のあるTVアニメでは『パルプ〜』のような作品、つまり会話劇は親和性が高いんじゃないかなぁって思っているだけです。

――冒頭はダイナーでティム・ロスとアマンダ・プラマーがお喋りしていて、そのあともサミュエル・L・ジャクソンとジョン・トラボルタが車のなかでひたすら会話を続けています。

足立　しょうもないような話をずーっと途切れることなく続け、車のなかから目的地であるアパートの前までずーっと喋っている。「ボスが、自分の女房を触っただけの男を殺した」とか「アムステルダムのハンバーガーは呼び名が違う」だとか、本当に日常の会話。

彼らの目的は、そのアパートにいるボスのドラッグをちょろまかした若者を始末することなんだけど、そういう話は一切出てこない。しかも、ドアをノックする前、「家を訪問するにはちょっと早すぎるかな」とか殺し屋のくせに律儀なことを言って……ここがめちゃくちゃ好きなんです。それで、その家に入って、お喋りしていたときと同じ表情で殺しますからね。いや、本当にかっこいい。

――殺人という非日常が彼らにとっては日常ということが、そういう会話から伝わってくる感じでしたね。

足立　そうなんですよ。わざわざ殺し屋だという説明もしないし、どういう性格なのか、ふたりの関係性がどうなのか、そういうことが連続する会話のなかから滲み出してくる。とても自然で説明的でもない、耳を傾けたくなる会話ですよね。

ストーリーやキャラクターの関係性を伝えるために、ここでこのセリフを喋らせておかなければいけない等と考えてしまいがちだと思うんです。でもこの映画を観ていると、そういうストーリーを駆動させるためのセリフは不要なのかもって思っちゃう。

もっと言うなら、映画におけるストーリーって、実はどうでもいいのかなというふうにも感じたり……。

――それはちょっと大胆ですね。

足立　僕は出身が大阪のせいか、話のオチを考えて喋ってしまう。というか、オチがない話は喋っちゃいけないくらいに思ってたりする。妻の話を聞いても、つい「それでオチは？」と尋ねて嫌がられたり（笑）。だから短いテンポの会話のなかにも面白さや意味を期待しちゃう――そう、タランティーノのように（笑）。そういうのもあって会話劇に惹かれるのかもしれないけど。

――タランティーノの場合、会話のオチを映像で観せてくれる場合が多いかもしれませんね。『パルプ～』の場合も、オチはその若者の部屋でぶっ殺すこととも考えられる。

足立　でも、ちょっと上映時間、長くないですか？　とりわけ『パルプ～』は、自分で『パルプ・フィクション』（三文小説）というタイトルにしときながら

2時間34分もある。俗にいう三流映画なら普通、89分くらい。長くても100分。せめて2時間で収めてほしかった。

――足立さんがキャラデザインを担当した『ポンポさん』だって、「90分」がキーワードになっているし、作品自体も90分ぽっきりですよ。

足立　主人公のジーンは編集室でカットできなくて四苦八苦してましたからね（笑）。

――映画は編集でどうにでもなるとは、よく言われることですよね。

足立　僕がそれを痛感したのは『ニュー・シネマ・パラダイス』（88）。この映画にディレクターズカット版があるんですが、観てますか？

――いや、観てないですね。存在していることも知らなかったです。

足立　僕は『〜パラダイス』を今回の企画の1本にも入れようかと考えたくらい大好きなんです。

で、あるときディレクターズカット版が公開されたので、いそいそと観に行った。友人に「僕の大好きな映画。素晴らしいから」と言って一緒に行ったら、何ともう別物になっていた。

――別物というくらい違ったんですか？

足立　オリジナルがノスタルジー映画であり、映画賛歌だったのに対し、ディレクターズカット版は主人公トトの青春ドラマになっていた。トトが入学した大学での恋模様が描かれていたり、故郷の話では、もうひとりの少年が、水遊びをしている少女たちにムラムラしてしまうような思春期シーンまである。もうびっくり！　編集でテーマすら変わってしまうこともあるんだなあと気が付いた作品です。一緒に行った友人が「これがあの有名な映画かぁ」的な反応をされたんですけど、「いやっ！　こうじゃないんだ」と必死に説明して……。その友人は今の奥さんなんですけどね（笑）。

――オリジナル版には幼いトトと、大人になってのトトしか登場してないですからね。

足立　タランティーノの作品が編集でそこまで違うようなことはありえないだろうけど、『パルプ〜』の短いバージョンはちょっと想像しにくい。というのも、どうでもいいような会話があるからこそタランティーノ・ムービーになっていて、それがなくなると画一化されたような、数多の映画と同じようになってしまう。タランティーノの作品は、そういう余分なところこそが楽しいんですよ。

——ほかのタランティーノ作品はどうですか？

足立　やっぱり一番は『パルプ〜』になっちゃいますね。近作『ワンス・アポン・ア・タイム・イン・ハリウッド』(19)も面白かったけれど、あれは実際に起きた事件を知っていたほうが断然楽しめるはず。予備知識を入れずに観たせいで、事件を知らない僕はイマイチ入り込めなかった。あとで調べて「なるほど、そういう事件がベースになっているんだ」って。そういうのって初見のときは知りようがないですよ。まさかタランティーノの映画で、そういうものを観せられるとは思ってもいなかったし。

——私は反対に、よく知っていたのでめちゃくちゃ面白かったですね。もしかしたらタランティーノ作品のなかでは一番好きかなってくらい。

足立　(クリストファー・)ノーランの『ダンケルク』(17)も同じ意味でダメだったんですよ。ほかの彼の作品はみんな好きなんですが、これは史実を基にしているじゃないですか？（第二次世界大戦の）西部戦線におけるイギリスの撤退戦という背景に馴染みがなくて、印象に残っているのはスピットファイアとメッサーシュミットがかっこいいなーということくらい(笑)。『ダンケルク』って、イギリス人やドイツ人に『二百三高地』(80)を観せているような感じになるのかもなぁ……。

——『二百三高地』ですか(笑)。

足立　いや、別に『ダンケルク』を否定してるわけじゃないんですよ。映画は観る側によって受け取り方が違うのは当然だし、すべての人がいいという映画は存在しないと思っている。

僕は映画には2種類あって、そのひとつが観客の心のなかにもともとある感動スイッチを押しにくる映画。つまり、スイッチがなければ押せないんですよ。

もうひとつは、映画のなかで観客の心にスイッチを作り上げて、感動させてくれる映画。『ダンケルク』

や『〜ハリウッド』は前者で、後者はいわゆる予備知識がなくても楽しめるエンタテインメント。『バック・トゥ・ザ・フューチャー』（85）みたいな作品。おそらく『パルプ〜』もこちらに入る。

――映画ファンを自称する人ほど、前者を好きになりそうですね。

足立　僕は大学入学の面接のとき、好きな映画を聞かれてスタローンの『オーバー・ザ・トップ』（87）を挙げたくらいですからエンタメ派なんですよ、絶対（笑）。

――ところで、アニメーションで会話劇というのはアリなんでしょうか？

足立　どうなんでしょう。タランティーノの場合は2時間34分でもよかったわけだけど、TVアニメの場合は定尺がありますからね。そうなるとストーリーや設定を説明するために無駄話を入れられなくなっちゃうのかも。そこが悩みどころなんじゃないですか？　タランティーノの場合はファーストチョイスが「会話」だった。アニメでそのチョイスは難しいかもしれないけど、可能性がゼロというわけじゃない。なぜなら、実写にそういう監督がいて、そういう作品がちゃんと存在しているからです。なので、いつかできるだろうという希望はある。

アニメでの会話劇。それもとても生っぽい会話劇、いつか観たいですね。

パルプ・フィクション

Pulp Fiction/1994年/154分/アメリカ
監督&脚本/クエンティン・タランティーノ
出演/ジョン・トラボルタ、サミュエル・L・ジャクソン、ユマ・サーマン

タランティーノが『レザボア・ドッグス』(92)に続き発表した長編2本目。アカデミー賞では作品賞・監督賞・主演男優賞（ジョン・トラボルタ）・助演男優賞（サミュエル・L・ジャクソン）、助演女優賞（ユマ・サーマン）、脚本賞・編集賞の7部門でノミネートされタランティーノが脚本賞を獲得。カンヌ映画祭ではパルムドールにも輝いている。物語は重層的。ダイナーで犯罪について語り合うカップルから幕を開け、ボスの命令で、麻薬をちょろまかした若者に焼きを入れる二人組の殺し屋の話、ギャングのボスに八百長試合をもちかけられてOKするも裏切る落ち目のボクサーのエピソード。この3つが時間軸を無視した形で語られ、ある時点で重なり合う。

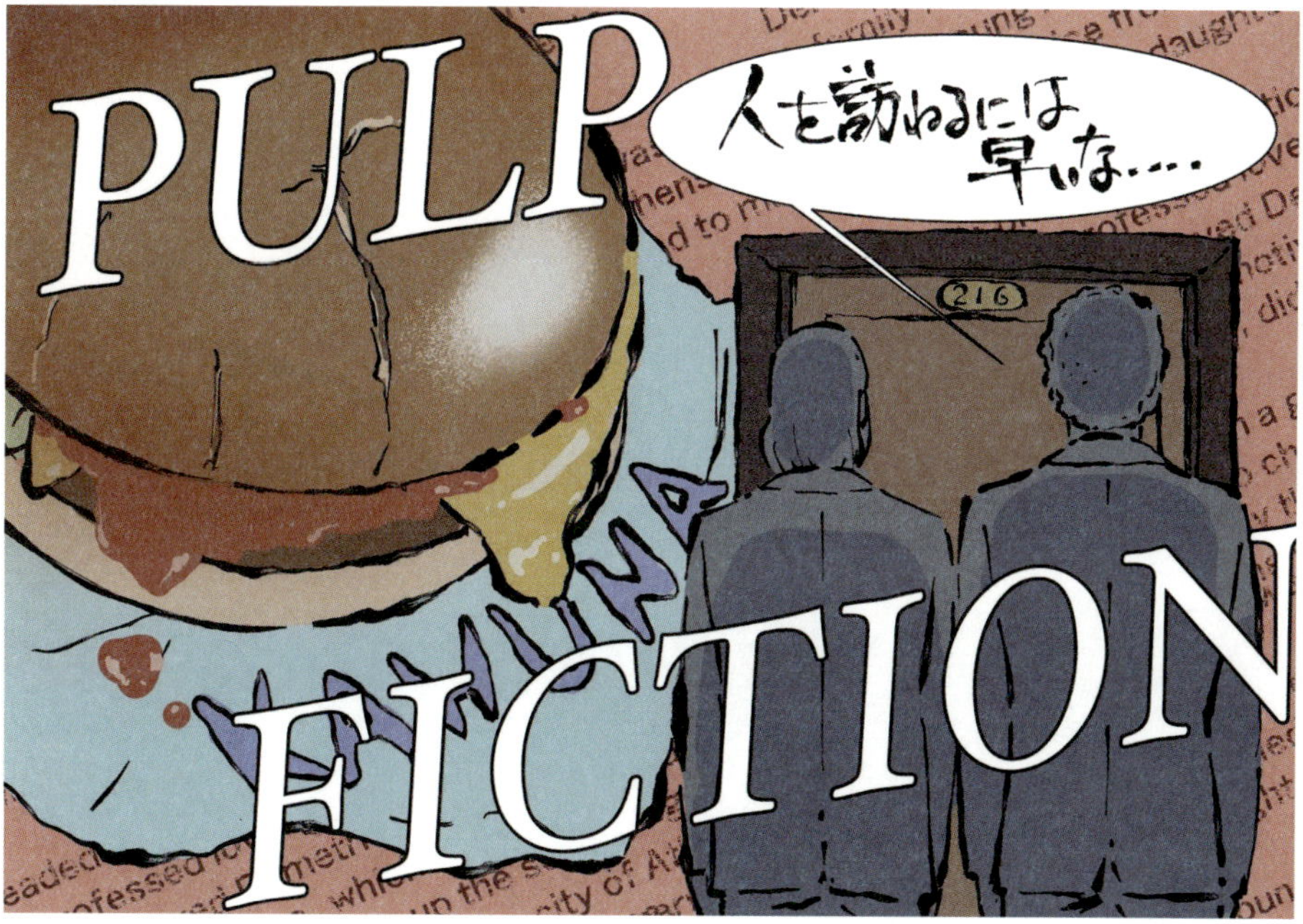

035　足 立 慎 吾

オレの映画3本

『ヤングガン』

『ナイト・オブ・ザ・リビングデッド』

『グッドフェローズ』

INTERVIEW

003

平尾隆之

PROFILE

TAKAYUKI HIRAO

1979年1月10日生まれ。香川県出身。アニメーション監督・脚本家・小説家。

『劇場版 空の境界 第五章 矛盾螺旋』(08) で監督デビュー。監督を務めたおもな作品にTVアニメ『GOD EATER』(15ー16)、映画では『桜の温度』(11)、『魔女っこ姉妹のヨヨとネネ』(13)、『映画大好きポンポさん』(21) 等。現在は、初のオリジナルとなるアニメーションプロジェクト『WASTED CHEF（仮）』の準備中。2019年には、ライトノベル『のけもの王子とバケモノ姫』を出版し、小説家デビュー。

1本目［ヤングガン］

ネガティブだった自分を変えた『ヤングガン』

――前回登場してくださった足立さんから「平尾さんも映画は大好きです」とお伺いしています。

平尾　映画はとても好きでよく観ています。でも、マニアというほど観ているわけじゃない。それでもいいですか？

――もちろんです！　3本を挙げていただきたいのですが、最初の作品はどれになりますか？

平尾　小学生のころに観た『ヤングガン』(88) です。それまでも映画は観ていたと思うんですが、タイトルをちゃんと憶えている作品がない。その一方で、当時の人気ＯＶＡをＴＶでオンエアしていた『アニメだいすき！』というローカルの番組で、『ＴＨＥ八犬伝』(90～91) や『御先祖様万々歳！』(89～90)、『迷宮物件』(『トワイライトＱ 迷宮物件 ＦＩＬＥ５３８』〈87〉)、『バリバリ伝説』(86) 等を観ていて、アニメの面白さにはちゃんと気づいていたわけだから、おそらく『ヤングガン』に出会うまでは、いい映画というか、心に残るような作品を観てなかったんだと思います。

――『ヤングガン』は１９８８年に製作された青春ウエスタン。１９７９年生まれの平尾さんはまだ9歳ごろのときに公開されたことになります。なので、もしかしたら初めてのＴＶオンエア等でご覧になったのかもしれませんね。ガンファイト等がかっこよかったんでしょうか？

平尾　いや、そういうのではなくて、今こうやって監督となった僕に大きな影響を与えた作品ですね。当時の僕は吃音だったので、学校でみんなとうまく喋れなかったんです。友だちができないし、からかわれたこともある。そんなとき、僕が抱いたのが「社会に弾かれた」という感情。まだ小学校の低学年にもかかわらず、そんなネガティブな感情を抱いていたんです。そういうときに観たのが『ヤングガン』だった。衝撃を受けたのは終盤のシーンです。

追い詰められたビリー・ザ・キッドたちが家に立てこもると、悪徳保安官たちはその家に火を放つ。そこで、みんな次々といろんな荷物を窓から放り投げ始めるんですが、そのなかの衣装箱にビリーが入っていて、飛び出しながら銃をぶっ放す。その瞬間から最後までがスローモーションなんです。

僕はそのスローモーションに鳥肌が立った。その状況にぴったりだったし、とてもエモーショナルに感じたからです。

――スローモーションと暴れん坊のビリー・ザ・キッドの組み合わせにシビれたんですね？

平尾　そうなんです。ほら、この映画に登場するビリーたちって、アウトローというかマイノリティですよね？　寛大な牧場主が、そういう行き場を失った青少年たちを集めて自警団を組織し、〝家族〟を作ってくれたにもかかわらず、悪徳保安官の一派がその牧場主を殺してしまう。ビリーたちは復讐のために立ち上がったのに、いつの間にか危険分子というレッテルを貼られてしまうんです。

そういう悪徳保安官や、自分たちの本当の姿を理解しようとしない世間に対して一矢報いたのが、あのシーン。その瞬間をスローモーションで撮ることで、ビリーの抱えていたさまざまな想い、世間や社会に対する不満や憤り、それらをあの一撃に託したかったという熱い想い、そういう感情があのスローモーションのなかにすべて入っているように感じたんです。つまり、スローモーションにすることで、映像がとても雄弁になったと思ったんですよ。

――なるほど。

平尾　僕の作品を作る上でのテーマというのは、マイノリティがマジョリティに対して一矢報いるというものなんですが、その原点がこのビリーのスローモーションなんです。このシーンは本当に刺さりました。なので「好きな映画3本」と言われたときは、まず『ヤングガン』を入れたいと思ったんです。

——スローモーションだったからよかったわけで、もしこのシーンが普通の撮り方だったら、そこまで刺さらなかったと思いますか？

平尾　やはりスローモーションだったからだと思います。とてもドラマチックに見えたし、それまで普通に流れていた時間が一気に引き延ばされ、その時間のなかにキャラクターの感情がすべて入っている感じ。集約されていると言ってもいいかもしれない。この影響で、自分がスローモーションを使う場合は、そのキャラクターの感情をドラマチックに表現したいときと、すっかり刷り込まれちゃってます（笑）。

——『ポンポさん』でも使っていましたね。

平尾　女優志願のナタリーと監督志望のジーンがすれ違うシーンですね。スローから早回し、それからまたスローというのをやっています。

『ポンポさん』の前、ゲームの『GOD EATER』シリーズでスローモーションを多用したんですが、「話を引き延ばそうとしている」とか「作画が間に合わなかったところをスローモーションでごまかしている」とか、散々でした（笑）。

いや、スローモーションのほうがより手間がかかるんだよ、と言いたかったけれど、なかなか伝わらない。今のお客さんにはスローモーションはあまり響かないのかなって。

——前回の足立さんもおっしゃっていましたが、アニメーションの場合、多くの人がどの表現に手間がかかっているのかが、よくわかってないようですね。スローモーションも止まっているわけではなく動いているのに、手抜きと勘違いする。ゆっくりした動きのほうがより作画が必要で手間がかかっていますよね。

平尾　そうなんですけど、そういうことを言う機会も場所もない（笑）。

——今のお話だと『ヤングガン』のラストだけですが、そこに至る前半はどうだったんでしょう。

平尾　あとから観て認識した感じです。キーファー・サザーランドが出ていることに、かなり経って気づいたくらい。「あれ、ドクを演じていたの、『24』のジャック・バウアーだったんだ！」って（笑）。強烈な印象だったのはやはり、ビリー・ザ・キッドに扮したエミリオ・エステベスでしたけどね。

ビデオを手に入れて、何度も観直したんですが、その場合も全編を通してじゃなく最後のシーンだけ。今でもそういう観方をするんですよ、僕は。好きなシーンだけ繰り返して観るし、音楽も好きな音楽だけリピートして聴く。

――『ヤングガン』はアメリカでも大ヒットして続編の『ヤングガン2』（90）も作られましたね。

平尾　『2』も観ました。でも、『1』のスローモーションほどの衝撃はなかった。『1』は、最後にビリーが戻ってきて、悪徳牧場主の額を撃ち抜くシーンも大好きだったから。撃ち抜かれた牧場主はわざわざターンしてカメラのほうを見て、徐々に崩れ落ちる。あのサービスもいい。できる限りカメラに残って倒れるのも好きですね。

それに、もうひとつ。さっき、吃音だったとお話ししましたが、それまでからかわれても抵抗したりしなかったんです。そんなあるとき、反抗したというか歯向かったんです。どういうかたちでだったかはよく憶えてないんですけどね。一度、ちゃんとそういうことを言葉と態度で示したら、からかわれることもなくなったし、吃音も徐々に治っていったんです。

――ということは、『ヤングガン』のビリー・ザ・キッドに力をもらった？

平尾　だと思います。

――それは映画のあるべき姿のひとつですね。

平尾　そうなるのかな。そういう意味でも大切な映画なんだと思います。

――では、いいお話をお伺いしたところで2作目をお願いします。

平尾　次に語りたいのはホラー映画で、監督としての僕に大きな影響を与えてくれた作品です。

――『ヤングガン』とは１８０度違う作品ですね。次回、よろしくお願いします！

ヤングガン

Young Guns/1988年/102分/アメリカ
監督/クリストファー・ケイン　出演/エミリオ・エステベス、キーファー・サザーランド、チャーリー・シーン

寄る辺ない青少年たちを自分のランチで働かせ面倒を見ていた英国人の牧場主。ところが、敵対する農場の経営者の放った殺し屋に殺されてしまう。復讐を誓った若者たちだったが、牧場主と結託した保安官の追跡を受け、お尋ね者扱いされてしまう。理不尽さに憤る若者たちのなかには、のちにビリー・ザ・キッドと呼ばれる青年もいた。実際の事件に材を取った青春ウエスタンで、エミリオ・エステベスやキーファー・サザーランド、チャーリー・シーン等、当時のヤングハリウッド的な役者たちが出演。若い感覚で西部劇を現代に甦らせ、スマッシュヒットを記録した。英国人の牧場主にはテレンス・スタンプ、敵対する牧場主にはジャック・パランス。

2本目

［ナイト・オブ・ザ・リビングデッド］

「映画ができること」に気づかせてくれた1本

――さて、今回は2本目です。

平尾　2本目はジョージ・A・ロメロの『ナイト・オブ・ザ・リビングデッド』(68)。ゾンビホラーです。

――前回の『ヤングガン』(88)とは180度変わりましたね。ホラーとかゾンビものとか、そういう映画がお好きで、そのなかのベストワンという意味もあるのでしょうか?

平尾　というより、ジャンル映画の典型のようなホラー映画であっても、教訓や社会的テーマを潜ませることができる、ということに気づかせてくれた作品だからです。それは僕にとって衝撃的だったし、今でも大好きな作品です。僕の最初のホラー体験は、ちょっと意外かもしれないけど稲川淳二なんですよ。同級生や周りの人たちに馴染めない時期に彼の怪談を聴いていたら、とてもスムーズに非日常にいけたというか、現実から逃げられた。その上、話には謎があってワクワクしたし、最後にはちょっと教訓めいた要素もある。「こういうことをやっちゃいけません」的なメッセージがふんわりと伝わってくる。そこが、僕的にはツボだったんです。稲川淳二の怪談話から、TVでよくやっている再現ドラマ等を観て、それからホラー映画に入っていった。確かそれは高校生の後半から専門学校に入ったころだと記憶しています。

――そこから突然、飛んでロメロに行ったんですか？

平尾　いや、その前にJホラーにハマっていた時期がありました。高校生のころ、Jホラーっぽい作品をたくさん観ましたが、そのなかでもっともインパクトが大きかったのは飯田譲治が脚本を担当したTVドラマ版の『リング』（95）です。中田秀夫の劇場版『リング』（98）より僕はこっちのほうが怖かったし好きだった。劇場版はホラー描写がわかりやすかったけど、TV版は気持ち悪さがずーっと続くんです。なんか言葉にできないような気持ち悪さがこの作品の魅力なんですよ。

――１９９０年代後半くらいから、和製ホラーがちょっとしたブームになって、海外でも高評価を受け、『リング』や『呪怨』（03）等がハリウッドリメイクされたりしましたよね。

平尾　そういうリメイク版を観ても、やはり日本製のほうが怖い。アメリカのホラー映画の場合、とりわけゾンビになると、がんばれば物理的に倒せるかもしれない存在だけど、日本の恐怖の対象って、がんばっても倒せない怨霊とかが多いじゃないですか。だから、どうしても怖さを求めるなら日本映画になる。

――ということは、『～リビングデッド』に怖さは求めてないわけですね？

平尾　そうです。日本人だからかもしれませんが、ゾンビが怖いって感覚、薄いですよね？　友だちに薦められたときは「ゾンビかぁ」という感じだったんですが、観てみると、僕の原点でもある教訓的な要素があった。「もっとも怖いのは人間だ」というメッセージが最後にちゃんと伝わってくる。

――そうですね。あの絶望的なラストのおかげで『～リビングデッド』は特別な映画になったといわれています。

平尾　同じくロメロが監督した続編『ゾンビ』（78）は、ゾンビを逃れた人々が巨大スーパーマーケットに籠城しますが、その舞台選びには大量消費社会へのメッセージを感じさせるところがある。当時の僕からすると「深い」作品だったんです。

映画をたくさん観ているような人には「今ごろ」なんて言われそうだけど、当時の僕にとっては「映画は、ジャンルを使って伝えたいメッセージを届けることができる」ということに気づかせてくれたきっかけの作品なんです。

――ロメロのファンにもなったんですか？

平尾　なりましたね。彼の作品を観るようになったし、ゾンビ映画も追いかけるようになった。ロメロのゾンビもの以外ではダニー・ボイルの『28日後…』(02)が面白かった。ゾンビが走った最初の映画はこれだと思います。

――私、『28日後…』は観てないんですよ。ゾンビが走ったのはザック・スナイダーの『ゾンビ』のリメイク『ドーン・オブ・ザ・デッド』(04)だと思っていたんですが、違うんですね？

平尾　『28日後…』はウイルスに冒された人間が狂暴になって襲い掛かるという設定なので、厳密に言うとゾンビじゃないともいえるので、スナイダーが最初に走らせたというのも正解なんですよ。

――なるほど！　ボイル監督はせっかちなので、ゾンビののろのろ歩きに耐えられるとは思えない(笑)。そういうところも含めてファンなんですけどね。

平尾　ボイルは僕も大好きな監督のひとりで、実は『ポンポさん』でも彼の作品にオマージュを捧げている。『127時間』(10)のオープニングシークエンスのスプリットスクリーンや、『スティーブ・ジョブズ』(15)で、ジョブズ（マイケル・ファスベンダー）と秘書の女性（ケイト・ウィンスレット）が廊下で喋っているとき、両側の壁にプロジェクションマッピングみたいに人類の発明の歴史が流れるという表現は、『ポンポさん』では車でトンネルを抜けるシーンに使っている。トランジションやイメージ的な表現は僕なりのボイル作品へのオマージュなんです。

――言われてみれば、確かに！

平尾　僕は、散々な評価だった『ザ・ビーチ』(00)も大好きなんです。確かに〝ビーチ〟に到着してからは失速してしまうけど、それまでは文句ナシによかった。ボイルはこの失敗のあとハリウッドに嫌気がさしてイギリスに戻り、それから『スラムドッグ$ミリオネア』(08)でオスカーを獲る。この一連の流れもかっこいいなって。

――なるほど。で、話はロメロですね。

平尾　そうでした。だから僕は、メッセージをどうやって作品に潜らせるのか、『～リビングデッド』を観て以来、それを意識するようになったんです。前回の『ヤングガン』は自分でメッセージを見つけたし、僕の映画の観方は、作品のなかの共感できるメッセージをいかにして見つけるかにあるんだと思いますね。

――ということは、3本目もそういう映画ですか？

平尾　ある意味そうなんですけど、ちょっと過激かもしれません（笑）。

ナイト・オブ・ザ・リビングデッド

Night of the Living Dead/1968年/96分/アメリカ/黒白
監督＆原案/ジョージ・A・ロメロ　脚本/ジョン・A・ルッソ　出演/デュアン・ジョーンズ、ジュディス・オーディア

墓参りに来た兄妹に襲い掛かるゾンビの群れ。妹が近くの民家に逃げ込むと、続けて黒人青年も逃げ込んできた。地下には若いカップル、そして夫婦と怪我をした娘がすでに身を隠していた。家の外でゾンビが集まり始めるなか、TVはこの異常事態がアメリカ各地で起きていることを告げる。ゾンビ映画の元祖といえば本作であり、コンテンポラリー・ゾンビの生みの親といえばジョージ・A・ロメロ。「人間を喰らう」「ゾンビに噛まれた者はゾンビになる」「脳を破壊すれば死ぬ」というゾンビものでお馴染みの設定は本作から。ロメロはこの後も、『ゾンビ』（78）、『死霊のえじき』（85）、『ランド・オブ・ザ・デッド』（05）等を監督。2017年、77歳没。

3本目［グッドフェローズ］

リオッタのカッコ悪さこそ人生の縮図！

――平尾さんが3本目に選ばれたのは（マーティン・）スコセッシの『グッドフェローズ』（90）です。彼が得意とするマフィアものですね。

平尾　マフィアものは結構好きで観ているんですが、そのなかのベストが『グッドフェローズ』です。マフィアものは、中間あたりまでがのし上がっていく話で、そのあとから転落していく話になる。これがマフィアものの構造なんだけど、『グッドフェローズ』はちょっと違う。のし上がっていって、最後は仲間をＦＢＩに売って、自分と家族だけは第二の人生を歩む。普通の暮らしを手に入れるんです。この選択が悲しいんですが、これこそが人生の縮図なのではないかと、僕は思ったんです。

――実話の映画化なので、そういうリアリティがあったのかもしれませんね。

平尾　そのリアルを体現するレイ・リオッタがよかった。子供のころからマフィアに憧れ、十代で組織に入って、金と権力を手に入れる。彼の人生にも、僕のテーマであるマイノリティに対するひとつの考察がある。つまり、マイノリティは、普通に生きていたら何者にもなれない。リオッタのお父さんがそういう人生を歩んでいるから、おそらく彼は、それがいやでマフィアに憧れたんだと思います。

一度は、その夢が実現し、もっと高みを望めたかもしれないけど、結局は落ちて行く。『ヤングガン』(88)はマイノリティのビリー・ザ・キッドが、最後の瞬間で一矢報いるところが好きだったんですが、このリオッタはそれができなかったことで、僕には意味があった。こういうかっこ悪さが人生の縮図なんだと思うんですよ。

――同じマフィアものでも、(フランシス・フォード・)コッポラの場合は『ゴッドファーザー』シリーズ(72〜90)のような壮大なサーガになるけれど、スコセッシは対照的にチンピラが好きですよね。

平尾　あ、きっとソコです。「チンピラ」ですよ、僕がコッポラよりスコセッシのほうを好きな理由は。

僕、若いころ、「チンピラ」と呼ばれていたんです。駆け出しのころ、マッドハウスに籍を置いていて、今敏さんの下についていたんですが、その今さんにいつも「チンピラ」と呼ばれていた。「お前はチンピラだ。ホンモノじゃない」とか「才能がない」とか、ホント、いろいろ言われてた(笑)。

――どういう意味で「チンピラ」だったんですか?

平尾　簡単に言ってしまえば、実際の自分以上に大きく見せようとしている、ということです。作品を手掛けるときに「何かやってやろう」とか「すげえモノ作ってやる」なんて考えながら作るのを「お前がやろうとしているのはチンピラだ」って。

自分の技量がどれくらいなのかも知らずに突っ走ったり、強く見せたり、才能があるふりをしたり、そういうことはやめろ、そんなことをいつも言われていたんですよ。だから「チンピラ」に親近感があるのかもしれない(笑)。

――そういう今さんの言葉、辛辣ですが、平尾さんにとっては大きな意味があったんですね?

平尾　そうだと思います。ちょうど、今さんが『千年女優』(02)をやっていたころです。僕は21歳で、制作進行で手伝っていました。そのあと、今さんがTVシリーズの『妄想代理人』(04)をやっていて、そのとき初めて演出として1エピソードやらせてもらったんです。

今さんは僕にとって師匠のような存在だったので、フリーになってから1作品、作るたびに今さんに観てもらい、そのあと呑みに行って、ずーっとダメ出しされる（笑）。お酒が入る前は「がんばってるじゃないか」とか、嬉しいことを言ってくれるんですが、お酒が入ると「お前、どうにかしろよ」になる。でも、そういうのを聞くのが大好きでしたね。

この業界でフリーランスで仕事をするというのは、やはり不安がつきまとうんです。だから、今さんのようにアドバイスをくれて、正しい道筋を教えてくれる人は本当に大切だった。心強かったんですよ、やっぱり。今は自分で決めて行かなきゃいけませんからね。

今さんは僕にとっては「師匠」のような存在で、亡くなる少し前に「いいよ、弟子で」と言ってくださった。凄く嬉しかったですね。

——それはすてきなお話ですね。

平尾　なので、そういうチンピラをやっていた当時の僕には、『グッドフェローズ』はメチャクチャ刺さった映画だということです。

——スコセッシはほかにどんな作品を観ているんですか？

平尾　最初に観たのは『タクシードライバー』（76）で、それから『グッドフェローズ』。『アビエーター』（04）は好きだったけど『ギャング・オブ・ニューヨーク』（02）や『シャッターアイランド』（10）はダメでしたね。もう1本大好きなのは『ウルフ・オブ・ウォールストリート』（13）！　これもめちゃくちゃ面白かった。

こうやって並べてみると、頭がヘンなところがありつつ、人間的な泥臭い感情をあらわにするようなキャラクターやストーリーが好きなのかもしれない。

——私も『〜ウォールストリート』は大好きです。到底、70歳のじいさんが作った映画には見えないですよね。

平尾　そんな年だったんですか！　信じられない。僕もがんばらなきゃって思っちゃいますよ（笑）。

——『グッドフェローズ』では、何か影響を受けているんですか？

平尾　構成ですね。とても面白いと思ったので。車のシーンから始まって、リオッタや（ロバート・）デ・ニーロたちが何をやっているかのよくわからない。観客に「このシーンはどんな意味がある？」と思わせて興味を引っ張るやり方。

これは『ポンポさん』でも使っていて、冒頭、主人公のジーンたちのインタビューと思わせといて、その意味が後半になってわかる。

――『ポンポさん』も、平尾さんの大好きな映画へのオマージュがあったんですね！

平尾　そうなんです。今回選んだ3本は、みんな大好きな映画なので、ついつい影響を受けちゃうし、そのリスペクトを作品に表したくなりますよね。

グッドフェローズ

Goodfellas/1990年/145分/アメリカ
監督/マーティン・スコセッシ　脚本/マーティン・スコセッシ、ニコラス・ピレッジ　出演/レイ・リオッタ、ロバート・デ・ニーロ

実在のマフィア、ヘンリー・ヒルの半生を描いた同名ノンフィクションの映画化。幼いときからマフィアに憧れていたヘンリーは11歳ですでに彼らの使いっ走りをやり、マフィアの一員になる。結婚し、子供ももうけ、仲間のトミーらと手を組み荒稼ぎをして徐々にのし上がるが……。アカデミー賞では作品賞・監督賞を始め6部門でノミネートされ、トミーを演じたジョー・ペシが助演男優賞に輝いた。50年代～80年代まで、時代に合わせたヒットソングのチョイス＆使い方が、さすがスコセッシだったりもする。オープニングのデザインはソール・バス。ちなみに本作でよく耳にする言葉が「FUCK」。何と300回を数え、1分間でおよそ2回も登場するという。

オレの映画3本

『エクソシスト』

『キック・アス』

『桐島、部活やめるってよ』

INTERVIEW

004

荒木哲郎

PROFILE

TETSUROU ARAKI

1976年11月5日生まれ。埼玉県出身。アニメーション監督・アニメーター・脚本家。

OVA『おとぎ銃士 赤ずきん』(05) で監督デビュー。手掛けたおもな監督作品にTVアニメ『DEATH NOTE』(06—07)、『学園黙示録 HIGHSCHOOL OF THE DEAD』(10)、『ギルティクラウン』(11)、『甲鉄城のカバネリ』(16)、『進撃の巨人』シリーズ（13—19/『進撃の巨人』第2期・第3期）では総監督、映画『バブル』(22) 等。『SPY×FAMILY（第2クール）』(22)、『アオのハコ』(24) では、オープニングの絵コンテ&演出を担当。

1本目［エクソシスト］

『DEATH NOTE』でも使った〝エクソシスト演出〟

――平尾さんから、荒木さんも映画が大好きだとお聞きしています。おいくつくらいから観るようになったんですか？

荒木　僕たちの世代は似たようなものだと思うんですが、最初は『少年ジャンプ』の漫画、それからそのアニメ化に移行し、実写映画を観るようになったのは中学に入ったころですね。

実写を本格的に観始めたのは大学生のとき。当時は自主制作もしていたので、もう手あたり次第観ていました。このときは同じようにアニメも楽しんでいたんだけど、アニメの仕事に就いてからは、観る作品は実写が中心になり、アニメはあまり観なくなっちゃいました。

――それはどうしてですか？

荒木　アニメを仕事にしたので、娯楽として楽しめなくなったからかな。そのアニメ作品がよくなかったら、時間を無駄にしたと思うし、とてもよかったりした場合も素直に楽しめない。「これは面白い！」なんて思ったあとに「じゃあ、お前の作品はどうなんだよ？」ってなっちゃう（笑）。そうなると、実写のほうが純粋に楽しめるんですよ。

――何となくわかる気がします。では、まず1本、挙げていただきたいのですが。

荒木　ウィリアム・フリードキンの『エクソシスト』

(73)です。
　僕は、自分が生まれたころのホラー映画が好きなようで、今回は『エクソシスト』と『サスペリア』(77)、どっちにしようかと迷い、誰に推薦しても面白いと言われるに違いない『エクソシスト』にしました。

——『サスペリア』はカルトな人気があるホラーなので、確かに人を選ぶかもしれませんね。

荒木　僕はめちゃくちゃ怖かったんですが、エグいシーンもかなりある。ただ、色の使い方等、とても印象的なショットがあるから好きなんです。でも、ひと言で言うと『エクソシスト』のほうがちゃんとしてる(笑)。

　好きな映画を1本だけというときも『エクソシスト』を挙げてしまいますね。僕のなかでは、これぞ演出のお手本にすべき映画、という存在です。

——いつごろ、ご覧になったんですか？

荒木　ギリギリ大学のときだったと思います。最初の印象はひたすら怖い。おぞましいし、忌まわしい。ちょっとしか出てこないおじさんの顔すら怖かった。とても有名な、リーガン(リンダ・ブレア)の顔が180度回るシーン。ツクリモノだとわかっていても、やっぱり怖い。

　最初はそういうインパクトが強烈だったんだけど、何度も観るうちに、物語の構造の巧みさや、演出の上手さに注目するようになったんです。

　冒頭のイラクでの遺跡の発掘シーンはほとんどセリフがなく、メリン神父(マックス・フォン・シドー)の顔を見ているだけでもじわじわと怖い。そこから突然、秋のワシントンに飛んでからも、小さな不安がひとつずつ積み重なっていく。その積み重ね方が上手なので、リーガンの母親が「悪魔祓い」という突拍子もない方法を選ぶことに説得力が生まれるんですよ。

　しかも、その「不安」が特別なものじゃなくて、日常的なアイテムや出来事なんです。たとえば、飛行機の音。飛行機そのものは出てこないんだけど、飛行機が飛んでいる「キーン」という音だけは聞こえてくる。リーガンの母親クリス(エレン・バースティン)が、若い神父の悩みを聞いているカラス神父(ジェイソン・ミラー)を初めて見かけるシーンで使われていてドキッとさせられる。神父たちの会話が飛行機の騒音でかき消され、そこで不安がひとつ生まれるんです。

また、カラス神父が地下鉄のホームでホームレスに小銭をせがまれるんですが、彼の顔が走る電車から漏れた光で映し出され、神父がドキッとする。ここでもうひとつ不安が積み重なる。日常の何気ない音や光が不安を募らせ、これから起きるだろう忌まわしさを感じさせる——。いや、本当に上手いなって。これぞ演出だと思ったんですよ、僕は。

——当時のフリードキンは、まさに時代の寵児で冴えまくっていましたからね。

荒木　僕も、飛行機の音だけの演出は『DEATH NOTE』(06～07)で使っています。探偵のLが主人公の月(ライト)を追い詰めるシーンで、無邪気な質問をして答えを待つときに、飛行機の「キーン」という音を流したんです。飛行機は見せなくていいし、飛行機が飛んでいる国なら使える方法だから使ってみようって。僕のなかではこのシーン、〝エクソシスト演出〟と呼んでいるんですけどね(笑)。

——その呼び名はすてきですね。

荒木　それに、こういうのって、別にホラーだけじゃなく、青春ものや恋愛もの等、どんなジャンルにでも使えるじゃないですか。青春ものの場合だったら、日常のちょっとした美しい瞬間や、心が温かくなるようなアイテムを見つけて積み重ねていけばいい……そういうことを教えてもらったので、『エクソシスト』は僕にとっては演出の教科書みたいな存在なんですよ。

あとはディレクターズカット版。ご覧になってます？

——観ましたけど、やはりオリジナル版のほうが断然いいと思いました。

荒木　僕もそうです。ディレクターズカット版はエピソードが増えている分、長くなって、やっぱりダレる感じですよね。それに、オリジナルではカットされていたスパイダーウォークのシーンとか、僕は絶対ないほうがいいと思いました。オリジナル版のときは、物語の流れのなかに置けなかったのでカットしたらしいんですけど、ディレクターズカット版では復活していた。

　ということはつまり、監督が100％好きに作ったからといって、いい作品にはならないということになるんだろうかって。もしかしたら、さまざまな人たちの意見をすり合わせて生まれたものが、いい作品になるのかもしれない、とかね。そういうことも、いろいろ考えてしまったんですよ。

――オリジナル版は2時間2分で、ディレクターズカット版はそれより10分くらい長いだけなんですけど、まるで印象が違う。派手になったのがよくなかったのかもしれません。

荒木　派手さで言うと、オリジナル版は音楽も驚くほど抑えていた。テーマ曲として有名な「チューブラー・ベルズ」も、実は少ししか流れない。今の映像作品のほとんどは音楽がずっと鳴り響いていて、音楽で盛り上げようとする傾向が強い。今の映画の作り方とは、明らかに何かが違っている。僕は、映画に対する思想が違うんじゃないかと思うんですよね。

　だから、そういうところも勉強になるんですよ、やっぱり。

――フリードキンはお好きなんですか？

荒木　『フレンチ・コネクション』（71）は大好きでしたけど、ほかのは観てないんじゃないのかな。

　フリードキンで思い出すのは今（敏）さんなんです。僕はマッドハウスだったので、よくお話を聞きに行っていたんですが、「〝あのとき〟のフリードキンは天才だった」とおっしゃっていましたね。「あのとき」とつくのがミソ、なんだろうなって。

――今さんのおっしゃる通りなんですが、「あのとき」があるだけでも十分立派ですよ。「あのとき」がない監督のほうが断然多いので。

荒木　確かに。僕もたくさん教えてもらっていますからね。

エクソシスト

The Exorcist/1973年/122分/アメリカ
監督/ウィリアム・フリードキン　原作&脚本/ウィリアム・ピーター・ブラッディ　出演/エレン・バースティン、リンダ・ブレア

秋のワシントン。女優のクリスは撮影のためにワシントン郊外に家を借り、娘のリーガンと滞在していた。そんなとき、リーガンの周囲で奇妙な出来事が頻発する。ベッドが勝手に動き、ドアが突然閉まり、リーガン自身も様子がおかしくなる。医師に診せてもよくならず、悩んだクリスは、神父に相談。悪魔が少女に取り憑いたと考えた神父は、教会に悪魔払いを要請し、数少ない経験者であるメリンが到着。壮絶な悪魔払いが始まる！　悪魔をテーマにしているせいか、アメリカでは怖すぎて失神する観客が続出し社会現象になったほど。アカデミー賞では作品賞・監督賞をはじめ10部門にノミネートされ、脚色賞と音響賞を獲得している。

2本目 [キック・アス]

僕の好みを満たした、まさに僕のための映画！

――2作目はどんな作品ですか？

荒木　いろいろ考えたんですが、やっぱり僕の大好きなモノが詰まった作品にしようと思って……『キック・アス』(10)です。

――マシュー・ヴォーンのヒーローものですね。もしかして、ミンディというかヒット・ガールですか？

荒木　おっしゃる通りです(笑)。僕は戦う女子、女の子のアクションが大好きなんです。その僕の欲望を100%叶えてくれたのがヒット・ガール。もうめちゃくちゃかっこいい！

――演じたクロエ・グレース・モレッツもこの映画で大ブレイクしましたからね。紫色の髪も、あのミニスカートのコスチュームもかわいかった。

荒木　そうそう。しかもですよ、僕のもうひとつの大好きな系統が「ぼんくらがヒーローになる」。なんとこの映画はそれも満たしている！

――ヒーローに憧れて、自ら「キック・アス」を名乗るダサい高校生デイヴくん(アーロン・テイラー＝ジョンソン)ですね。

荒木　しかもしかも、デイヴは眼鏡もかけているんです。僕の思うところの「ぼんくら」は眼鏡をかけてなきゃダメなんです。眼鏡をかけているうだつの上がらない男が、肝心要のときに一発逆転する。その瞬間に僕は燃える。

『キック・アス』では、ぼんくら君が通販で買ったキック・アスのコスチュームを着けて街に繰り出し、不良を懲らしめようとしたら反対にボコられる。でも、どうにか反撃して倒すシーンがある。そのとき「オレはキック・アスだ」と初めて名乗るんですが、その映像がネットで流されるんですよ。僕、燃えましたから（笑）。最初にヒーローになるシーンは、僕にとって大変重要なので。

　つまり『キック・アス』は、ヒーローもヒロインも僕の好みを見事に満たしている。本当に素晴らしい。まさに僕のための映画！

——荒木さん、熱いですよ（笑）。

荒木　いやあ、だってあまり人にお薦めしたことないんですよ、『キック・アス』。結構、残酷なシーンがあるから、ほかの人に薦めるのはどうなんだろう。人を選ぶエグみがあるかなって。

　美少女アクションで言うと『あずみ』（03）も実はお気に入りなんですけどね。上戸彩扮する美少女剣士あずみがアクションする。

——『あずみ』の公開当時、上戸彩の太ももに萌える男子が多かったのは憶えています。

荒木　そうなんです。でも、こちらもあまり共感されないんで、挙げたことがない（笑）。

　僕的には、美少女戦士がバッサバサと敵を倒す、そのアクションがスタイリッシュに撮られているときに「あー、生きててよかった！」という満足感がうまれる。それで言うと、やっぱり『キック・アス』かなって。

　そういう僕の性癖を満たし、ぼんくらがヒーローになり、さらに映画としてのストーリーラインもしっかりしていて、最後はちゃんと感動できる。

　ミンディとお父さんとの別れで泣いて、そこから最後にかけてが一番のごちそう、ヒット・ガールの大アクションですよ。キック・アスがいい感じでアシストして、僕的には夢を叶えてくれた映画。「ありがとう！」と言うしかない（笑）。

——なるほど！

荒木　実のところ、僕はこの手の映画が好きで、自分では〝タクシードライバー系〟と呼んでいる。『キック・アス』と『タクシードライバー』（76）は僕のなかでは同系列の映画なんです。

——ということは、ロバート・デ・ニーロ演じるトラビスは「ぼんくら」？

荒木　そうです。眼鏡かけてないけど。

　だから僕は『甲鉄城のカバネリ』（16〜19）のドラマ部分では『タクシードライバー』のログラインを使っている。うだつのあがらない主人公が、世の中に一石を投じようとあがいているときに美少女と出会い、彼女を囲っているご主人様を世の悪と勝手に定め、そいつを殺すために命をかけようとする。

——そのアウトラインを聞くと、確かに『タクシードライバー』と重なりますね。

荒木　でしょ？　ストーリーを簡潔にまとめると、まったく同じになるはずです。実際、この企画を練っているときは「僕が『キック・アス』をアニメで作るとしたら、どういうかたちになるのか？」と考えるところから始めたんです。アニメーション的な攻め要素となる時代劇×ガンアクションを投入し、殺す相手が人間だとアニメ的には難しいので、そこはゾンビにする——そうやって生まれたのが『甲鉄城のカバネリ』なんです。『カバネリ』と『進撃の巨人』の類似点を語る人はいるけど、『キック・アス』で語った人はあまり見かけません。僕としてはそっち始まりなんですけどね。

——『キック・アス』は少女が銃をぶっ放したり、残酷な描写もありというので、なかなか製作のゴーサインが出なかったようですが、日本の場合は、アニメでやれば問題ないどころか、美少女×銃というのは王道ですよね。

荒木　日本のアニメ好きにとってはその組み合わせは強力なカードになりますよ……って僕のことなんですが（笑）。

——美少女×銃はハリウッドではあまりお目にかからないけれど、ぼんくら→ヒーローものは結構ありますよね。最近で言うと『ガーディアンズ・オブ・ギャラクシー』（14）とか？　ぼんくらじゃなくはみ出し者ですけど。

荒木　うーん、ニュアンスが違うと思うなあ。というのも、とにかくマストなのは、学生時代にモテなかったという要素なんです。『ガーディアンズ』には、そういう情けなさとかダサさみたいのをあまり感じなかった。

世の中にはときどき、そういう映画が現れて、最近ではゾンビものの『アイアムアヒーロー』(16)がまさにその系譜だった。うだつの上がらない漫画家アシスタントが、いつヒーローになるのか？　彼の唯一の武器であるショットガンをいつぶっ放すのか？　僕的にはその瞬間をドキドキしながら待つ映画でしたね。

――確か、女子高生も出てましたよね？

荒木　そう、そこは大きなポイント。セーラー服の女子高生。心をえぐるような惨劇と、少女だけがもつ聖性。それが並び立つ瞬間をオレたちは観たいというか、僕は観たい。ゾンビものだと、そういうシチュエーションってありそうなのに、僕は観た記憶がほとんどない。だからこそ『アイアムアヒーロー』は貴重なんです。

――なるほど。『キック・アス』は続編もありましたけど、そちらはいかがでした？

荒木　それなりに楽しみましたが、ミンディが大きくなって『1』ほどはアクションしなかったので、ちょっと物足りないかな。ミンディというか、クロエが出ていたほかの作品では『イコライザー』(14)が好きでしたね。

――あ、言われてみれば、搾取されている彼女を、おじさん(デンゼル・ワシントン)が助ける話でしたね。

荒木　「なめてたヤツが実は殺人マシン」系の映画。これも「ぼんくらがヒーローになる」系の類型なので僕はOKなんですよ。何てことないおじさんが、銃をもった途端に別人になっちゃうところがめちゃかっこいいじゃないですか。

――そういうのは、私も燃えますね(笑)。ところで、今回のイラストはやっぱりヒット・ガールになりますか？

荒木　というか、実は作品を選ぶとき、『キック・アス』を選んだらヒットガールを描ける！って思いましたから(笑)。公の場所でヒットガールのイラスト描いたことないんですよね。

――おお、それは凄く嬉しいです！

荒木　この連載のトップバッターって、梅津（泰臣）さんだったじゃないですか？　梅津さんとは面識はないんですが、その作品を見る限り、好きなものはぴったり重なっていると思っています。尊敬する大先輩ですが、失礼ながら勝手に同志だと思っているんですよね（笑）。

――そうだと思いますよ。押井（守）さんも「梅津はそんなヤツ。間違いない」って太鼓判でしたから（笑）。

荒木　やっぱり（笑）！

キック・アス

Kick-Ass/2010年/117分/アメリカ・イギリス　監督＆共同脚本/マシュー・ヴォーン　脚本/ジェーン・ゴールドマン　出演/アーロン・テイラー＝ジョンソン、クロエ・グレース・モレッツ

アメコミヒーローに憧れるおたくな高校生デイヴは、通販で購入した緑色のコスチュームを身に着け、キック・アスと名乗る。ヒーロー活動をするキック・アスの前に現れたのは紫色のコスチュームを着た少女ヒット・ガールと、彼女の父親ビッグ・ダディ。ふたりはホンモノのヒーローだった!?　マーク・ミラーによる同名コミックを映画化。暴力描写があることも手伝って製作が決まらないなか、ブラッド・ピット率いるプロダクション、プランBが本作を気に入り製作に参加。無事、完成にこぎつけた。公開されると米国では初登場1位。世界中でヒットし、続編『キック・アス/ジャスティス・フォーエバー』（13）が作られた。こちらの監督はジェフ・ワドロウ。

3本目［桐島、部活やめるってよ］

ぼんくらどもが一矢報いる、その瞬間の輝き！

——荒木さん、今回は3本目の作品をお願いします。

荒木　3本目は『桐島、部活やめるってよ』(12)です。こういう映画を撮れたなら、クリエーター人生が終わってもいいというくらいです。

——(笑)それくらいに素晴らしい青春ドラマだったということですね？

荒木　そうです。これもまた「ぼんくらがヒーローになる瞬間」が描かれていて、僕の心に迫りまくるわけです。

——「ぼんくら」というのは、神木(隆之介)くんたち映研の連中ですか？

荒木　そうです。学校カーストでは最下層に属する彼らが学校の屋上でゾンビ映画を撮影しているとき、「桐島が屋上にいる」という情報を得てカースト上層にいるイケメンたちが集まって来る。そうやって撮影を邪魔された映研の連中が、「全員、食い尽くせ！」という監督の神木くんの掛け声で立ち上がるわけですよ。ゾンビメイクをした冴えない連中がイケメンたちに襲い掛かる！　平尾くんの言葉を借りれば、まさに「ぼんくらどもが一矢報いる瞬間」。ぼんくらたちの輝きがハンパない！

——あのシーンはまさに本作のハイライトですね！

荒木　しかもそこに、吹奏楽部が演奏している音楽が被さる。青春映画のクライマックスに吹奏楽部の演奏や合唱部のコーラス等、ホーリーな音楽が重なってくるところに僕はヨワい。何というか、ホーリーなものによって、みんなの罪が洗い流される感じ。そのふたつの要素が完璧にシンクロすることで、クライマックスがより輝く。

『リリイ・シュシュのすべて』(01/監督:岩井俊二)にも同じような合唱シーンがあって、同じように大好きでしたね。

――私は、その前の野球部のキャプテンのエピソード。あそこはいつも泣ける。

荒木　「ドラフトが終わるまでは野球を続ける」でしょ? あれも最高。あのキャプテンのひと言には、どんな人も泣けますよ、絶対。

あと、僕がもうひとつ泣けるのが、神木くん扮する前田と菊池(東出昌大)の会話。「監督になるの?」みたいなことを尋ねられた前田が「そうはならないと思うけど、映画を撮影していると、自分が好きだった映画たちとつながっている感じがすることがある。ときどき、ときどきだけどね」云々って。まさに僕もそう。だから「前田、それはもう、僕が作品を作っている動機とまるでおんなじだよ」って。

――なるほど!

荒木　「僕は本当は、もっと先まで行きたいのに、この程度のアニメしか作れていない。まだまだダメだと思っているんだけど、ときどき、本当にときどき、憧れのあの作品に一瞬、手が届いたように感じる瞬間があるんだよ」ってことなんです。そして「その瞬間があるから、この仕事を辞められない。その瞬間があったから、もっと先に行けるかもしれない。だってあのとき、本当に一瞬だったけど行けたじゃん!」って思える。

もう一度、その瞬間を感じたくて、映像の仕事を続けていると思っている僕と、あのとき重なってしまった。だから、前田が言っている言葉は、完璧に僕の想いなんです。

――前田が代弁してくれたんですね。

荒木　そうそう。これで熱くならないはずがない(笑)。僕は前田に気持ちを重ねてしまったんですが、渡辺さんは誰でした? この作品、登場人物がたくさんいる群像劇だから、観る人によって重ねる人が違うんですよね。

――私も前田ですね。映画好きなところが、自分の高校時代と重なるから。私はこの映画、好きなものをもっている人は強いというメッセージもあるのかなって思いましたね。自分の高校時代がそうだったから（笑）。

荒木　前田たち映研の連中もそうだし、吹奏楽部の女子生徒もそうですよね。好きな映画を作り、より上手に演奏するとか、彼らには目標みたいなものがある。菊池たちには、そういう意味でのゴールがないように思えましたね。だから、前田たちが眩しかったのかもしれない。

自分たちはうだつのあがらないぼんくらかもしれないけど、ゾンビ映画作って少しでも振り向かせるぞ、って感じですよね。この前田の思考は僕と同じだけど、菊池の視点となると、これまでなかったと思いません？　つまり、イケメンでカースト上層部の彼が、そういう目的をもっているぼんくら連中が羨ましい。涙が出るほど羨ましいと思う――。僕は、菊池を通してそういう視点を描いてくれたのが新鮮でしたね。ほかの価値観で青春を送っている人と、僕らのようなぼんくらの価値観がクロスすることであぶり出されるものがある。それが菊池の涙だったのかなって。

――確かに、さまざまな青春が出てきますからね。

荒木　クライマックスに至るまでのプロセスも丁寧じゃないですか。みんなの日常の些細な出来事をとても丁寧に切り取っている。「今、笑った？」というセリフからも伝わる、ほんの小さな嘲りでさえも見逃さない繊細さ。周囲を気遣い、みんなの言葉や表情を気にしながら窮屈に生きているあの感じ。すっかり忘れていたけど、確かに自分の高校時代もそうだったって思いましたから。

――そういう意味ではリアルでしたね。

荒木　とにかく「世界」を描いていると思ったんですよ。「学校」という箱庭を細かく描写することで世界を創り出している。桐島が部活を辞めるというニュースだけで、まさか世界までもがすくいあげられるなんて思いもしませんよね？

――数日間の出来事が、高校時代の縮図になっているわけですね。

荒木　そうです。そういうことができるのって、やっぱり映画しかない。だから、「これぞ映画だ」って、僕は思っちゃうんです。

――『桐島』は『TV Bros.』誌でもとても人気の高かった作品だったと記憶してます。確かあの年のベスト3に、3人の★とりメンバー全員が入れていたんじゃないですかね。そういう作品はあと『ゼロ・グラビディ』（13／監督：アルフォンソ・キュアロン）だけだった。こちらは全員がナンバーワンだったと思います。

荒木　『ゼロ・グラビディ』、実は僕も大好きなんですよ。今回、入れようかどうしようか悩んで『桐島』にしたんですが、殿堂入りの1本です。あれも、状況を絞り込んだ果てに、ちゃんと世界が現われる。

――女性アストロノート（サンドラ・ブロック）が生還して、大地に足をどっかりと降ろすところが素晴らしいですよね。

荒木　そこに『Gravity』とタイトルがかかる。ホント、最高です。『ゼロ・グラビディ』も、観終わってすぐ「こんな映画を撮れたら、死んでもいい」とつぶやいちゃいましたから（笑）。

――その言葉、すっごく説得力がありますが、出典等、あるんですか？

荒木　確か押井（守）さんが何かのインタビューで言った言葉だったと思います。「あの監督は、あの作品を作ったから、いつ死んでもいい」みたいな感じだったかな。その人のキャリアのなかで最高点を出したときに贈る言葉が「あんたはもう死んでいい」なんですよ（笑）。

そういう意味では僕、まだまだ死ねませんから。死んでもいいくらいの作品を作らなきゃいけないっていつも思っていますから。

――そういう手応え、今まで一度もなかったということですか？

荒木　観客やファン、僕自身のなかで『甲鉄城のカバネリ　海門決戦』（19）は、今までの最高点だったかな、と思っていますけどね。小規模な公開だったんですが、特にシリーズファンの方には高評価をいただいて、僕自身もよくできたと思っている。自分の思う理想のアニメーション作品が作れたという感じです。誰かに代表作はと聞かれれば、自分で選ぶのはこの作品になります。

――シリーズを観てなくても楽しめるんですか？

荒木　楽しめるんじゃないかなあ。だから、もっと多くの人に観てもらいたいと思っているんです。Ａｍａｚｏｎ　Ｐｒｉｍｅ　Ｖｉｄｅｏで観られるので、ぜひ観てください（笑）！　これは僕の『キック・アス』（10）ですから、僕好みのアニメを作れたという自負はありますね。

――ということは、ひとつ目的を果たせた？

荒木　もちろん、まだ死ねないけど、一番うまくいったので、ひとつだけ目標を果たせたかなって。

――ところで荒木さん、美少女アクションが好きになったきっかけって、何だったんですか？

荒木　うーん……やっぱり『あずみ』（03）なのかなあ。ほかにもいい映画はたくさんあるのに、なぜかいつも『あずみ』観てるし（笑）。映画の評価が高くないのもわかっているし、１４２分もあって長すぎるのも問題なので、彼女のアクションだけ観る。それが僕的にはめちゃくちゃ気持ちいい（笑）。美少女アクションが好きだって自覚をもったのはこの映画と出会ったときだと思いますよ。

――何度観ても気持ちいいって、好きな映画の最高の愛情表現じゃないですか？

荒木　そうなのかなー。少なくとも『あずみ』をこれだけ観てるヤツ、そんなにいないと思いますよ（笑）。

桐島、部活やめるってよ

2012年/103分/日本
監督/吉田大八　原作/朝井リョウ　脚本/喜安浩平、吉田大八　出演/神木隆之介、橋本愛、東出昌大、大後寿々花、清水くるみ

ある日、バレー部のキャプテン、桐島が部活を辞めるという情報が学校中を駆け巡った。桐島の親友、菊池も、桐島の彼女の梨紗もまさに寝耳に水だった。みんなが桐島を探すが、誰もコンタクトが取れない。一方、映画研究部の前田たちは顧問に内緒でゾンビ映画を撮影しようと画策していた……。朝井リョウが小説すばる新人賞を受賞した同名デビュー作の映画化。原作は主要キャラクターの名前をチャプターのタイトルにしたオムニバス形式。映画では曜日をチャプターにして時間経過を柱にした構成になっている。映画は口コミで評判が広がり8カ月のロングランヒット。日本アカデミー賞の最優秀作品賞、監督賞をはじめ多くの賞に輝いている。

オレの映画3本

『太陽を盗んだ男』

『ジュラシック・パーク』

『シャイニング』

INTERVIEW

005

伊藤智彦

PROFILE

TOMOHIKO ITOU

1978年10月20日生まれ。愛知県出身。アニメーション監督・演出。

TVアニメ『世紀末オカルト学院』(10) で監督デビュー。手掛けたおもな監督作品にTVアニメ『ソードアート・オンライン』(12)、『銀の匙 Silver Spoon』(13)、『ソードアート・オンラインII』(14)、『僕だけがいない街』(16)、『富豪刑事 Balance:UNLIMITED』(20)、映画『劇場版 ソードアート・オンライン -オーディナル・スケール-』(17)、『HELLO WORLD』(19) 等がある。コミック『ワンダーX』では、初の漫画原作を担当した。

1本目 ［太陽を盗んだ男］

全編から伝わる「やったれ感」にシビれる！

――今回は伊藤さんの1回目です。まずはどの作品を？

伊藤 こういう依頼があったとき、俺がいつも挙げているのは同じ作品なんです。長谷川和彦の『太陽を盗んだ男』(79)。20年来、常に俺の好きな映画のトップに居座っている。朝日カルチャーセンターでアニメのクラスをもっているアニメ評論家の藤津（亮太）さんからコーナーをいただいたときも、『～盗んだ男』についてだけ喋ったくらい。本当に大好き。アニメ関係者のなかにもファンは多いと思います。

――伊藤さんはいつ、ご覧になったんですか？

伊藤 上京して大学のアニメサークルに入ったころです。よく行っていたビデオレンタルショップの、5本で1000円サービスみたいなのでたまたま選んだ1本が『～盗んだ男』だった。3本は観たかった作品、2本は何となく選んだんですが、どこかでタイトルを聞いたことがあったんだと思います。

当時の俺はフィルムセンターで黒澤明の作品等を観ていて、映画の勉強をしていた。『～盗んだ男』は、そういう作品とはまるで違っていたので本当に驚き、衝撃を受けたんです。

――私は今回、初めて観たんです。長谷川監督のデビュー作『青春の殺人者』(76)があまり好きじゃなかったので敬遠していたんですが、確かにとても驚きました。今でも十分面白いし、なんというか常識を逸脱したところに魅力がありますね。

伊藤　そうなんですよ。俺のそれまでの日本映画のイメージって、ひと言で言っちゃえば「地味」なんですが、『～盗んだ男』は派手、しかも乱暴。明らかに法にも触れている（笑）。ビハインドのネタには事欠かない映画で、皇居に中学生を乗せたバスが突っ込むシーンも無許可で撮ったと言うし、銀座のデパートの屋上からお札をばらまくシーンもそう。捕まったときのために助監督をスタンバイさせていたらしいですよ。

――クレジットを見ると助監督が相米慎二でしたね。彼を筆頭に、のちにブレイクする人たちの名前がたくさんあって、それにも驚きました。

伊藤　相米慎二の下に黒沢清もいましたから。犯人の似顔絵には黒沢清の顔が使われていますし。本当に裏の話題に事欠かない映画です（笑）。

俺がシビれちゃったのは、全編から伝わってくる「やったれ感」みたいな感覚。違う言い方をすると「これを撮らずしてどうする？」みたいな感じかな。この感覚は今でもあって、俺の監督の指針にもなっている。

――現場至上主義というか、いい絵を撮るため、面白い映画にするためには何でもやるという潔さみたいなものですか？

伊藤　そうです。だって考えたらヘンなところ、たくさんあるじゃないですか。そもそもジュリーという沢田研二扮する原爆を手作りしちゃう中学の理科の先生。なぜ彼が原爆にそこまで入れ込むのか？　日本政府を相手取る目的は何なのか？　普通の映画だと社会や政治、自分の人生に不満があったりするのに、それもない。だから、菅原文太扮する刑事を通して脅迫するときも「野球放送をゲームが終わるまで延長してやって欲しい」ですからね。でも、不思議なことに、その辺が妙にナマっぽくて独特のリアリティがある。

――そうですね。今観ても十分、ナマっぽかった。

伊藤　しかも、その中学教師はキャラクターとしては主体性が薄いのに、なぜかハンパなくキャラ立ちしている。めちゃくちゃ捉えどころがないにもかかわらず、それが魅力になっているんですよ。沢田研二がそういうところを、とても上手に体現してますよね。

——沢田研二、驚くほどハマってましたね。

伊藤　何でも最初の脚本では、主人公は目的をもって原爆を作っていたけれど、ジュリーが演じることになって監督が変えたという記事をどこかで読んだ記憶があります。

アニメでキャラクターの設定を作るとき、わかりやすくするためにカテゴライズする傾向がある。でも、これを観たら、ファジーでもいいんじゃないかなって。主人公の性格に相反するような要素を積み重ねていくことで面白くなるのかもしれない——観直すたびにそんなふうに思うんです。

——アニメの場合、役者の存在感や表情、演技等に実写ほど頼れないので、そういうキャラクターの構築は難しいのかもしれませんね。

伊藤　そうなんです。俺が知っている限りで、そういうキャラクターで成功したのは『新世紀エヴァンゲリオン』（95～）くらいかなって。ファンが補完してくれるという強みを得ることができたのも大きいんですけどね。

——そういう観客やファンの補完は重要ですよね。本作の場合、それが必要なシーンが結構あるじゃないですか（笑）。

伊藤　警察にもって行かれた原爆を主人公が奪還するシーンとかですよね。沢田研二が突然、警察署の窓ガラスを割ってターザンみたいに乱入する。普通なら、じゃあロープの先はどこにつながっているんだ？　とかツッコミたくなるけど、本作だと「まあいいか」になる。観客が補完してくれている（笑）。一応、監督はジュリーを変装させて侵入させるとか、いろいろ考えたらしいんだけど、もうターザンでいいのでは？って感じで落ち着いたらしい。そういうプロセスを踏むのが無駄と考えたんでしょうね。実は俺、このシーンをそのままパクったことがあるんですよ。

初めて監督をした『世紀末オカルト学院』の2話で、主人公が脈絡なくターザンして窓を突き破って現れるというシーンを作ったんです。

——気づいた人いましたか？

伊藤　いや、全然。だから、こうやって自分で言うしかないんです（笑）。

もうひとつ、参考にしたのは『僕だけがいない街』（16）のとき。原作がまだ終わっていなかったため、アニメスタッフでラストシーンを考えることになった。断片的なイメージとしては、主人公とラスボスがどこか高いところで対峙することになりそう、と原作者の三部（けい）先生から聞いてはいました。で、俺のブレインのひとりが「伊藤さん、ここは伊藤さんの大好きな『太陽を盗んだ男』で行きましょう。ジュリーと菅原文太のやり取りをやればいいんですよ」って。で、実際にそうしたんです。しかも、かなりの高さから落ちて助かるという点も同じ（笑）。

——なるほど！　いっそのこと『太陽を盗んだ男』をアニメ化するというアイデアはなかったんですか？

伊藤　あったんです。2009年前後だったと思うけど、企画書も書いてマッドハウスの丸山（正雄）さんにも提出した。でも「ちょうど、渡辺信一郎が似たような作品を作っているから、伊藤、諦めろ」って言われちゃって。

——それは何という作品だったんですか？

伊藤　『残響のテロル』（14）というTVシリーズで、高校生が原爆を作る話。その主人公が『〜盗んだ男』のように番号で呼ばれるんですよ。沢田研二は日本語で「9（きゅう）番」だったけど、確か『〜テロル』のほうは英語で「ナイン」だったと思います。

それに、日本では大震災も起きたので、原発がらみは難しいと思います。なので、今はたまに観直して「あのときのゴジ（長谷川和彦）はここまでやったんだから、まだまだできるはず」と、自分を叱咤したり、撮影の裏話を読んで「こういうことをやれば、こういうことを達成できるんだ」みたいなことを学んだり。

——映画の教科書には書いていない裏ワザをたくさん学べるんですね。

伊藤　そうです。自分が面白い映画を作るというか、映画が面白いものを要求しているという言い方が近いと思うんだけど、それに対して自分がどこまで純粋でいられるか……ちょっと青臭い表現をすると、それがあのときのゴジさんや山本又一朗だったのかなって。本当に今でもたくさん教えてもらっているんです。

太陽を盗んだ男

1979年/147分/日本
監督＆共同脚本/長谷川和彦　脚本＆原作/レナード・シュレイダー　製作/山本又一朗
出演/沢田研二、菅原文太、池上季実子

中学で理科を教える城戸誠はあるとき、東海村からプルトニウムを盗み出し、アパートの一室でお手製の原爆を作ってしまう。日本政府を相手取り脅迫する城戸が交渉相手に指名したのは山下警部。城戸と生徒が絡んだバスジャック事件のとき、彼と顔を合わせていたからだ。かくて日本の命運をかけた丁々発止の駆け引きが始まる！　長谷川和彦は1976年に『青春の殺人者』で監督デビュー。この作品が高い評価を得て、続く2作目が本作となった。これもまた高い評価を得たにもかかわらず3本目のメガホンは取っていない。のちに『台風クラブ』(85) 等を撮る相米慎二が助監督を、『CURE』(97) 等の黒沢清が制作助手を務めている。

2本目［ジュラシック・パーク］

何度観ても泣けるブラキオサウルスのシーン！

――伊藤さんの2本目はどんな作品でしょう？

伊藤　（スティーブン・）スピルバーグの『ジュラシック・パーク』（93）です。『ジュラシック・ワールド』シリーズの新作が公開されるとTVでオンエアされるんですが、ついつい観てしまう。そのたびに「スピルバーグって演出上手いなー」って感心しちゃうんです。

――エンタテインメントの王道中の王道ですね。どういうときにご覧になったんですか？

伊藤　小学生のころ、名古屋の映画館まで観に行った数少ない映画の1本であり、恐竜に感激して泣いてしまった映画でもあります。

――初めて恐竜が登場するシーンですか？

伊藤　そうです。デジタルのブラキオサウルスがスクリーンいっぱいに登場するシーン。サム・ニール扮する古生物学者も感動して涙ぐむけど、俺も完璧に彼とシンクロしてしまった。何度観直しても、このシーンで泣いちゃうんですよ（笑）。実際は思ったよりも恐竜の登場シーンは数分と少ないし、デジタルの恐竜となるともっと少ない。にもかかわらず強烈なんですよ、やっぱり。

――もしかして『ジュラパ』でスピルバーグの名前を覚えたんですか？

伊藤　そうだと思います。『ジュラパ』を観に行ったのはスピルバーグだったからじゃなくて恐竜を観たかったからですが、観たあとは名前を覚え、さらにTVで観ていた『E.T.』(82)や『レイダース』(『レイダース／失われたアーク《聖櫃》』〈81〉)等も彼の映画なんだと気づいたんです。そして「どうも俺は、スピルバーグという監督の〝感じ〟が好きなのかなー」と思ったわけです。当時は漠然としていたその〝感じ〟が、もっと年齢を重ねてからは「観客の感情をコントロールする手腕」だと思うようになった。つまり、演出が上手いってことなんですよね。しかも老若男女の観客問わず。

――そうですね。その手練手管で楽しませてくれるのがスピルバーグ映画なのかもしれません。

伊藤　『ジョーズ』(75)なんてまさに〝演出〟の賜物ですよね。ストーリーは驚くほどシンプルなのにメチャクチャ面白いから。『ジュラパ』も同じで、ストーリーはシンプルなんだけど演出で魅せる。たとえば、車のなかのグラスに入った水が揺れることで、恐竜が近づいていることを表現したり、恐竜の息がかかった車の窓ガラスが曇ったり。生きた恐竜だということが演出でわかるようになっている。いわば、観客の五感に訴えかける演出。さすがとしか言いようがない。

――その辺は本当に上手ですよね。

伊藤　でも、その一方で、しょうもないことをするスピルバーグも好きなんですよ。

――しょうもないことって？

伊藤　「ウンコとゲロ」ネタをぶち込むところです。ティーンが主人公の作品だとだいたいある。『ジュラパ』にも小山くらいある恐竜のウンコが出てきて、そのなかを調べるし、最近作の『レディ・プレイヤー1』(18)にもゾンビがゲロを吐くシーンがある。しかも画面外で見切れさせずに必ず見せる。俺に言わせれば、それもスピルバーグ。そういうシーンを観ると「単純にウェルメイドな作品を作りたいだけじゃないぞ」と表明しているんじゃないかと思ってしまう(笑)。

――『ジュラパ』で印象的なのは、トイレに逃げ込んだおやじをT-レックスが頭からカプリと食べちゃうところですね。このおやじがヤなヤツだっただけに因果応報的なノリもあり、私としては「こういう死に方だけはしたくないなあ」みたいな。

伊藤　ストーリーにはあまり関係ない、そういうシーンって憶えているもんなんですよね。下手をしたら、それがその作品の決め手になるときだってある。俺の演出はわりと淡泊なほうなので、スピルバーグの映画を観て、そういうサービス精神みたいな印象に残るシーンを入れたいと常々思っているんです。

——確かにスピルバーグ、サービス精神はたくさんありますね。サービス精神だけで作ったような映画もあるくらいだし（笑）。

伊藤　2、3年くらい前にアニメ監督の飲み会みたいなのがあって、それぞれ好きな監督を言うことになり、俺はスピルバーグの名前を挙げたんです。彼の作品をいろいろ思い出したりしてみると、ずっと記憶に根付いていたり、忘れられないシーンがあったりして、やっぱりスピルバーグは凄いんだなって改めて思ったくらいだった。ほら、『ジュラパ』のサム・ニール。ジュラシック・パークに呼ばれて向かうわけだけど、その前の発掘現場での服装とほとんど変わってないんですよ。ちょっとした旅行に関してもそういう服で通すということは、彼が社会性のあまりない人物だということがわかる。

——「子供嫌い」なんて言ってますからね。

伊藤　でも、そういう博士が最後は子供と心を通わせる。人間性を取り戻すんです。言葉だけでなく服装でも彼のキャラクターを表現していて、彼が人間性を取り戻すというドラマにつなげている。さりげなくて上手い。

——どうやって恐竜を生み出したのかの説明も上手でしたね。そのプロセスをパークの観客用に作ったアニメでレクチャーする。説明っぽくならない上に、子供だって理解できるわかりやすさ。ここもアイデアだなと思いました。

伊藤　そうそう。だから、本当にいろんなアイデアが詰まっている。そういうスピルバーグ的というか、アンブリン（スピルバーグの作った製作会社）的な作品を作りたいと思っているんですが、これがいざ日本のアニメでやるとなるとなかなか難しい。

　俺が思うに、アンブリン的なところに（スティーブン・）キングの『IT／イット』（17）のような少年ものがあって、それは俺の好きなゾーンなんです。そういうのをやろうとしているんだけど、これもまた難しくて、まずは漫画でやってみようということになっている。

——それで3本目がアノ作品になっているんですね。

伊藤　そうです。原作者にとことん嫌われたアノ作品です（笑）。

ジュラシック・パーク

Jurassic Park/1993年/127分/アメリカ
監督/スティーブン・スピルバーグ　出演/リチャード・アッテンボロー、サム・ニール、ローラ・ダーン、ジェフ・ゴールドブラム

ハモンド財団の創始者ジョン・ハモンドがコスタリカ近海の孤島に作った“ジュラシック・パーク”。そこは最新のDNA技術で甦った恐竜たちを間近で見られる前代未聞のアミューズメント・パークだった。施設を訪れた古生物学者グラントと、古植物学博士のサトラーは本物の恐竜を目の当たりにして思わず息を呑む。全世界で93年の最高興行収入9億ドル超えをした大ヒット作。原作はヒットメーカー、マイクル・クライトン。琥珀に残る、恐竜の血を吸った蚊からDNAを採取するという再生方法に信ぴょう性があったのも大きなポイントだ。本作の大ヒットによりシリーズ化され、最新作『ジュラシック・ワールド／復活の大地』が2025年8月8日公開予定。

3本目

[シャイニング]

実はアニメっぽいキューブリック映画

——さてさて伊藤さん、3本目の作品ですが、「原作者に嫌われた、アノ作品」と前回はおっしゃってますが、アレなんですよね？

伊藤　はい、スタンリー・キューブリックの『シャイニング』(80)です。もちろん、原作者はスティーブン・キングですね。

原作は映画を観たあとに読んだんですが、「なるほど、こういう話なんだ」って。おそらくキングは、親子間の愛情、超能力をもってしまった少年の話として書いたつもりだったのに、まったく違う話になっている。そりゃ、怒るよなーと思いましたね。

——お化け屋敷ものの色合いもありましたよね。でも、映画はお父さん(ジャック・ニコルソン)に焦点を当てたサイコサスペンス・ホラーになっている。ジャンルを変えてしまった。

伊藤　そうなんですよ。それがキューブリックの凄いところで、あの小説から、なぜこんなサイコサスペンスが生まれるんだろうと思っちゃう。

——印象に残っているシーン、たとえばタイプライターで書いた原稿がすべて同じ言葉だったというのは原作にはないんだけど、強烈じゃないですか。

伊藤　観返すたびに、ワンカットワンカットの力が強いことに驚かされるんですよ。子供が三輪車に乗ってホテルの廊下を走っているシーンだけで記憶に残る。その音が絨毯の上では消えて、フローリングになるとガラガラと鳴る。これが妙に怖い。双子の少女もそうでしょ？　別に何をするでもなく、そこにふたり並んで突っ立っているだけで怖いんですから。観るたびに、なぜこれだけで怖いんだろうって考えちゃうんですよ。

——確かに仕掛けは最小限なのに怖い。

伊藤　あとは音楽。ボーンというような、効果音なのか音楽なのかよくわかんないのが、また不安を煽る。冒頭からその曲で、しかも空撮でしょ？「神の視線」なんていう人がいるのもわかる。

——そうでした！　キューブリックの演出「神の視線」という人、多いですよね。ファンがいろいろ考察しているのも『シャイニング』の特徴です。

伊藤　ドキュメンタリーもありましたよね？　オーバールック・ホテルの廊下の絨毯の柄について考察してみたり、女性の幽霊が出る部屋はなぜ237号室なのか？　とか、あらゆることに対してあらゆることを考える。

ほかのキューブリック作品はそうでもないのに、なぜか『シャイニング』だけはたくさんあるし、それと同じくらいパロディもある。最近ではスピルバーグが『レディ・プレイヤー1』(18)でやっていて驚きましたよね。

——ホテルのバーのシーンを完コピしていた。原作にはないので、びっくりしました。

伊藤　キューブリック作品のなかではわかりやすい上に、いろいろと考察できる要素が含まれているからなんでしょうね。

——キューブリック作品のなかから『シャイニング』を選んだ理由は何なんですか？

伊藤　俺、キューブリックの映画ってアニメっぽいと思っているんですよ。とりわけ『シャイニング』が。

——アニメっぽいというのは面白いですね。そう言われて頭に浮かんだのは『博士の異常な愛情』(64)でしたけど(笑)。

伊藤　あの凝った会議室とかですよね。ちょっと変わったデザインエッセンスを入れていて、今見るとアニメっぽい。

——スリム・ピケンズがロデオをやっているかのよ

うに原爆と一緒に落ちて行くシーンはアニメ的というか漫画的というか。

伊藤　そういう漫画っぽいシーンを漫画っぽくない方法論で撮っているのがキューブリックなんじゃないかと思っている。普通とは異なる思考回路で作られている感じかなあ。『シャイニング』も、パズルームのドアに頭を突っ込むシーンとか漫画っぽくないですか？　俺の勝手な憶測なんですけどね。

――そのシーン、パロディにされまくっている理由は、漫画っぽさにあるのかもしれないですね。

伊藤　もちろん、選んだ理由には、大好きなキングの原作というのがあり、あとは俺の好きなジャンルのひとつ、サスペンス度が高いからですね。サスペンス的なものは演出しやすいし、演出のやりがいもあるし、結果が出やすい。そういう部分で学びの多い映画でもあるんです。

もうひとつ付け加えると、「落ちぶれたスター話」みたいなのも好きなんです。『シャイニング』で言うと、超能力少年のダニー。幼いころは輝いていたのに、大人になってそれを失ってしまった。中年になったダニーを描いたのが『ドクター・スリープ』(19)ですが、映画は酷かった（笑）。

――昔は大スターだったのに、今は落ちぶれて人生めちゃくちゃ、みたいのですか？　そういう人がまた輝きを取り戻す瞬間が好きとか？

伊藤　そうでもない（笑）。ほら、スプーン曲げで有名な清田（益章）くん、覚えてます？　超能力少年ともてはやされて、その後、トリックを使っていたと言われた人です。

俺、本人に会ったんですが、目の前でスプーン曲げていました。トリックなのか本当なのか、わからなかったですけどね。なぜ会ったかと言うと、俺の初のオリジナル作品『～オカルト学院』の取材だったんです。主人公は清田くんを意識してスプーン曲げ少年にしたので。サッカーの前園（真聖）も、かつての輝きを取り戻せなかった選手。だからファンなんですけどね（笑）。

なぜ、そういう設定が好きなのかというと、現実だと落ちぶれて終わりでも、映画やアニメでは最後に輝かせることができるじゃないですか。だからだと思いますよ。

――なるほど。でも、『シャイニング』のお父さんは落ちぶれたままでした。

伊藤　写真に取り込まれちゃいますからね。

――伊藤さん、『シャイニング』からは、具体的にどんなことを学んだんですか？

伊藤　さっき言った三輪車のシーンでいうと、絨毯とフローリングで音が違うのに気づくのも、音楽を入れてないからなんですよ。あとの双子のシーンや、バスタブのゾンビばあちゃんのシーンもホラー的な音楽をつけてない。だから画面に集中できるんです。緊張と緩和。本作はほぼ緊張が続きますが、そういうのは、とても勉強になる。そういうのに比べると、最近の映画やアニメは「ながら」で観ていてもわかるように作っているんじゃないかと思うときがある。説明がとても多いですからね。

――家で楽しむ配信が増えたせいですか？　あるいはみなさんスマホを片手に観ているとか？

伊藤　そういうのもあると思いますよ。某アニメも、キャラクターが今、心で思っていることから、何が起きているかという状況まで、すべてセリフで説明していた。今はそういう時代だから仕方ないという感じなのかもしれないけど。

――スマホ時代に合わせた作り方なんですか？

伊藤　それに加えて、観客に誤解されないようにというのもあるでしょうね。

――それって誤解じゃなく解釈ですよね？　みんな同じ解釈をするように作られたとなるとプロパガンダになっちゃうじゃないですか！

伊藤　そうなんです。キューブリック映画の大きな楽しみである「考察」が存在しない。それとは真逆なんですよ。1本の映画にさまざまな解釈があるというのは、最近の子供たちには許容できないんじゃないですか？

――それはびっくりです。でも、『TENET テネット』(20)はヒットしたじゃないですか。あれはキューブリックも真っ青の難解さですよ。

伊藤　子供は観てないと思うし、何かよくわからないから凄いらしい、というところで観るんだと思います。単純に絵力がとても強い。解釈しよう、自分なりの考察を試みようという人は少ないと思いますね。

――そういう傾向は、クリエーターとしてはなかなかヘビーですね。

伊藤　そうなんです。そういうなかで、いかに自分の作りたい作品を作るか、ですよね。それを俺たちは考えて行かなきゃいけないんだと思っています。

シャイニング

The Shining/1980年/119分（インターナショナル版）、143分（北米公開版）/アメリカ
監督/スタンリー・キューブリック　原作/スティーブン・キング　出演/ジャック・ニコルソン、シェリー・デュバル

作家志望でアルコール依存症のジャックが得た仕事は冬の間、閉館となるオーバールック・ホテルの管理人。彼は妻と息子のダニーを連れホテルにやって来る。実はこのホテル、かつて管理人が心を病み家族を斧で惨殺したという事件が起きていた。超能力をもっているダニーは、いち早くホテルの「何か」を感じ取る。本作を気に入ってない原作者のキングは、その後、お抱えの監督ミック・ギャリスに原作に忠実なミニシリーズ版『シャイニング』（97）を作らせるものの凡庸な作品になってしまった。やはりキューブリックは正しかったということなのかもしれない。ちなみにドラマ版ではキングがカメオ出演している。

オレの映画3本

『タワーリング・インフェルノ』

『ガタカ』

『銀河鉄道999』

INTERVIEW

006

川元利浩

PROFILE

TOSHIHIRO KAWAMOTO

1963年7月15日生まれ。三重県出身。アニメーター。

キャラクターデザインや総作画監督等を務めたおもな参加作品にOVA『機動戦士ガンダム0083 STARDUST MEMORY』(91)、映画『機動戦士ガンダム0083 ジオンの残光』(92)、OVA『GOLDEN BOY さすらいのお勉強野郎』(95－96)、TVアニメ『カウボーイビバップ』(98－99)、映画『カウボーイビバップ 天国の扉』(01)、『WOLF'S RAIN』(03)、『ノラガミ』(14－15)、Netflix配信作『エデン』(21)、TVアニメ『メタリックル[illegible]』(24) 等多数

1本目［タワーリング・インフェルノ］

いろんな面で〝目覚めさせてくれた〟映画

——川元さん、今回はまず1本目をお願いします。

川元　僕が洋画にハマったきっかけとなった作品を選んでみました。まずは『タワーリング・インフェルノ』（74）です。親父が映写技師だったので、小さいときから映画館にはよく通っていました。親父のお弁当を片手に顔パスで劇場に入り、映写室から映画を楽しむ。そうやって子供のころから映画には親しんでいたんです。

——それは羨ましい環境ですね。

川元　招待券をほかの劇場のチケットと交換したりして、あちこちの劇場で映画を観てましたね。確かにいい環境でした（笑）。父の務めていた劇場が松竹大映系だったこともあったのか、わりと邦画をよく観ていたんですが、『〜インフェルノ』を観て、ググっと洋画のほうに傾いたんです。日本であんなスペクタクル映画、作れないでしょ？

——そうですね。

川元　僕の記憶だと『ポセイドン・アドベンチャー』（72）の大ヒットでパニック映画が作られるようになって、そのあと『大地震』（74）、そして『〜インフェルノ』という順番だったんですよ。僕は『〜アドベンチャー』をTVで観て、パニック映画って面白いなあと思い、『大地震』は劇場で観たんです。ところが、上映途中に劇場に入ったら、ちょうど地震発生のシーンで、扉を開けた途端、凄まじい音が聞こえてきて。もう心臓が止まりそうになった。

――あの映画は音響がウリでしたね。

川元　「センサラウンド方式」とかいう音響システムで、耳をつんざくような大迫力。この音の洪水がトラウマになって、それから絶対、上映途中から劇場に入らなくなった(笑)。だから、まともに劇場で観た最初のパニック映画は『～インフェルノ』になりますね。

――おいくつだったんですか？

川元　小学校6年生くらいだったと思います。この映画は、公開前からいろいろ情報を仕入れてて期待度マックスでスクリーンに向かったんです。たとえばハリウッドのメジャースタジオ、20世紀FOXとワーナー・ブラザースが、今でいうコラボをした作品、とか。大スターがたくさん出演している、とか。あとは『ポセイドン・アドベンチャー』と同じスタッフが作っているというのもウリになっていたので、期待がめちゃくちゃ膨らんだんです。

――どちらとも製作がアーウィン・アレンで脚本はスターリング・シリファント。音楽もジョン・ウィリアムズでしたし、編集も同じハロルド・F・クレス。同じメンバーですね。

川元　そんなときは普通、失望する場合が多いじゃないですか？　でも、『～インフェルノ』は期待通りだった。期待通りに楽しめて、本当に嬉しかったんですよ。

――私も今回、何十年ぶりかで観直したんですが、めちゃくちゃ面白くてびっくりしました。2時間45分、あっという間でしたね。

川元　そうそう、時間をまったく感じさせない。もしかしたら、そういう映画も初めてだったかもしれない。しかも、消防隊長、めっちゃかっこよくないですか？

――もう、かっこよすぎでした(笑)。

川元　スティーブ・マックィーン。登場するのが映画が始まって30分後くらい。出て来た途端、その場をかっさらってしまう。登場してすぐにかわすO．J．シンプソンとのプロフェッショナルな会話だけで、小学生の僕でも「このおじさん、すげえかっこいい」

ですよ（笑）。何というか、プロの仕事を観ている感じ。男のお仕事映画としても見応えがある。マックィーンが登場する前は、138階建てのビルを設計した建築家のポール・ニューマンのプロっぷりと正義感に感心していたんですが、消防隊長が出てからはずっとマックィーンばかり見てました。

――私は今回、やっとマックィーンのかっこよさに気づいた感じでしたね。

川元　寡黙なところがいいですよ。必要最小限のことしか口にしないし、大勢の名優が登場するなかでも圧倒的な存在感ですからね。スターのオーラというかカリスマ性を感じてしまう。

――マックィーンは『〜インフェルノ』が初めてだったんですか？

川元　いや、TVで観た『大脱走』（63）が初めてだと思います。あのときも出番は少ないのに、思いっきり足跡は残していた。それだけスターのオーラをもっている人なんだと思います。それに『大脱走』もスターがたくさん出ているじゃないですか。僕はどうも、いわゆるオールスターキャストというか、スターシステムの映画が好きなようなんですよ。1本でいろんなスターを楽しめるのでコスパもいいって（笑）。

――確かにそうですね。

川元　だから『〜インフェルノ』もこれ1本で、マックィーン、ニューマン、フェイ・ダナウェイ、ウィリアム・ホールデン、フレッド・アステア、ジェニファー・ジョーンズ、ロバート・ヴォーン……みんなを楽しめる。僕は戦争映画も大好きなんですが、その理由のひとつには、スターがたくさん出ているというのがあるのかもしれない。『ミッドウェイ』（76）や『遠すぎた橋』（77）とか。日本映画でも『八甲田山』（77）や『復活の日』（80）とか。あ、『復活の日』にもロバート・ヴォーンが出てた（笑）。

――ロバート・ヴォーンとマックィーンは『ブリット』（68）でも共演していますね。『ブリット』のマックィーンはサンフランシスコ市警の刑事で、『〜インフェルノ』ではサンフランシスコの消防隊長。サンフランシスコの平和を守ってる役が多い（笑）。

川元　そうでした（笑）。あの刑事も寡黙だった。

寡黙な男が似合うマックィーンですね。とりわけ演技が上手いわけでもないし、ルックスだってサル顔にもかかわらずかっこいい。おそらく男が憧れるタイプなんだと思うなあ。

――あと、SFXがよかったですね。48年も前の映画なのに、今見てもちゃんとしている。おそらく夜が舞台だったから合成をしやすかったんだと思いますが、それでも本当によくできている。

川元　最上階のパーティ会場の雰囲気や、138階建てという高層の感じ。炎も当時ですからホンモノだし、ヘリでの救出作戦もリアリティがあった。冒頭のサンフランシスコの街をヘリが飛ぶ姿をカメラが追いかけるのも長いんだけど、一体何が起きるのかという期待感が高まる。

――今の世の中、リメイクが多いのに、この作品のリメイク話は聞いた覚えがないんですが、もしかして完成度が高いからなのか、なんて思っちゃいましたよ。

川元　リメイクかあ……『ポセイドン・アドベンチャー』のリメイク（『ポセイドン』〈06〉）、全然ダメでしたよ。ジーン・ハックマンのような説得力のある役者が出てなかったですよね。それでいうと、マックィーンやニューマンの代わりになるスターが今いるのかという問題になる。キャラがちゃんと立っているのは彼らの存在感やカリスマ性によるところが大きいんじゃないですか。だからこそ、僕たちもドラマにのめりこめる。その一方で、スターにだけ頼るわけじゃなく、ちゃんと小さなエピソードを積み重ねることもやっているから長時間でもまったく退屈しない。

――おっしゃる通りです。

川元　今日は、この本をもってきたんですよ。古い『ロードショー』の『タワーリング・インフェルノ』の特集号。何度も読み返したのでもうボロボロだけど、今も手に届くところに置いてある。出演者がズラリと並んだこの写真を見て、小学生だった僕はスターの名前を覚えたんです。みんな笑顔で、凄く楽しそうでしょ？　現場もそうだったんだろうなって思っちゃいますよね。

――うわー、凄い！　この本は貴重じゃないですか？

川元　この雑誌を熟読して「ビルの高さが520メートルの設定で、33メートルのミニチュアを作った」とか憶えちゃったんです（笑）。だから、『タワーリング・インフェルノ』は、洋画の面白さ、役者の魅力、いろんな面で僕を目覚めさせてくれた映画なんです。

タワーリング・インフェルノ

The Towering Inferno / 1974年 /165分 / アメリカ
監督/ジョン・ギラーミン　出演/スティーブ・マックィーン、ポール・ニューマン、フェイ・ダナウェイ、ウィリアム・ホールデン

サンフランシスコに建つ世界最大の超高層ビル。138階建てのそのビルの落成式の日、惨事は起こった。地下の配電盤から出火し、あっという間に炎が広がっていったのだ。ビルの設計者ロバーツ（ポール・ニューマン）と消防隊長オハラハン（スティーブ・マックィーン）は被害を最小限に抑えるため協力し合う。監督は『レマゲン鉄橋』（69）や『キングコング』（76）等のジョン・ギラーミン。アクション監督にはプロデューサーのアーウィン・アレン。スティーブ・マックィーンとポール・ニューマンという大スターの本格的競演は初めてで、タイトルのビリングを筆頭に、セリフの数まで調整されたという。出演料は両者とも100万ドル＋興行の10%だった。

2本目［ガタカ］

監督の美意識と世界観の重要性を教わった作品

――今回は2本目をお願いします！

川元　アンドリュー・ニコル監督の『ガタカ』（97）にしました。25歳くらいのころ、もう今の仕事に就いてから観たSF映画です。すでにアニメーターになっていたせいか、映画ファンとして作品を純粋に楽しむというより、〝映画の作り方〟を考えながら観るようになったと思います。そういう面でいうと、ビジュアルというか世界観が印象的だったし、それを捉えるカメラのアングルやレイアウトがかっこよかった。いわゆるレトロフューチャーというコンセプトの世界観ですが、こういう表現があったんだと驚いたり、いつかこういう映像を作りたいと思ったりと、いろいろ趣味とシンクロする部分が多かった作品でもあるんです。

――『ブレードランナー』（82）の登場以来、SF映画は雨が降っていたり汚れていたりするのがスタンダードになっていたんですが、この映画は真逆ですよね。チリひとつない世界観。それが返って新鮮だったというか、この映画には見事にハマっていましたよね。

川元　DNAを操作して生まれた「適正者」と、操作なしに生まれた「不適正者」。そういうDNAにまつわる話というのは当時もさほど新しいわけではなかったと思うんですが、スタイルのある世界観とひとりひとりのキャラクターが魅力的で、自分的にはとても腑に落ちる映画だったんです。

――イーサン・ホーク演じる主人公ヴィンセントは不適正者なんだけれど、宇宙に行くという夢をもっている。なので、不適正者であることを隠して、適正者しか入れない宇宙局〝ガタカ〟に入局する。そのからくりは、ジュード・ロウ扮する車椅子で生きることになった適正者のジェロームと一緒に暮らし、彼の髪の毛や爪、血液をもらってジェロームになりすまし、毎朝行われるDNAチェックをパスするという設定になっていましたね。

川元　冒頭は、発光した青い映像で、そこに白い雪のような何かがふわふわと降ってくる。マイケル・ナイマンの音楽がフェードインして、とても幻想的な絵なんだけど、しばらくするとそれがヴィンセントの皮膚の欠片や体毛だということがわかる。すぐに映画の世界に入っていける見事なオープニングですよね。

――彼はいつもそうやって自分のDNAを残さないようにし、代わりにジェロームの血液や髪の毛、皮膚の欠片を隠しもってガタカに通う。宇宙局のガタカとして登場する建物はサンフランシスコのマリン群のシビックセンターですし、レトロっぽい車も実際のものを使い、そのエンジン音をモーター音に変えることで未来の車っぽくしている。舞台は近未来ですが、そういうセットを組むのではなく、実際の建築物を使って近未来感を出している。アイデアが詰め込まれている感じでした。

川元　実は僕、舞台となったシビックセンターに連れて行ってもらったことがあるんですよ。

――それは凄いですね。『ガタカ』の舞台を見たかったんですか？

川元　そうです。外観はあのまんまで、内部の長い廊下も同じでした。部屋の内装等は違うんですが、本当に『ガタカ』だった(笑)。映画のなかではちゃんと近未来の建物になっていたわけだから、アイデアだけでこういう映像が撮れてしまうという部分に、作り手として感動してしまいますよね。

――そうですね。コスチュームもとてもミニマムなだけで今と変わらないのに、なぜか別世界な感じがしましたね。色がグレーと黒に統一されていたからですかね。というか、みんなスーツ着てました。

川元　今から宇宙に行くというのに、ロケットに乗り込むクルーたちも、事務仕事しているときと同じスーツ姿ですから。ジュードだって、車椅子で家にいるのにネクタイ締めてベストを着て、正装してる。車椅子に座りながら、ネクタイをきちんと整えている姿が印象的だったし。その車椅子も旧式で、電動で動く感じじゃなかった。絶対、監督のこだわりですよ。

――ジャージ姿だと、確かにあの世界から弾かれてしまうでしょうね。

川元　監督の（アンドリュー・）ニコルは、スクリーンの隅々まで計算したんだと思います。そういう監督のこだわりと美意識のおかげで、低予算でありつつ、安っぽさがまるでない映画になったんじゃないのかなあ。とはいえ、出社したときのDNAチェックがいつも、小さなカミソリの刃で切った指先の血液というのもどうよって思いましたけどね。痛そう（笑）。ほかにDNAテストはあるだろうって。

――それを言うなら、事故によって足が動かなくなったという設定も気になりますよね。身長も伸ばせるくらいなんだから、足だってどうにでもなるだろうって（笑）。

川元　（笑）それを言っちゃいけないんです！

――そうですね。もしかしたらジュードというかジェロームは、車椅子の生活を自分で選んだのかもしれないですしね。

川元　そういうのはあると思いますよ。というのも、自然の摂理に従って生まれたヴィンセントの生き方に、みんなが徐々に感化されていくじゃないですか。ユマ・サーマン扮する同僚の女性も彼が本当は不適正者だと知って初めて愛するようになるし、ガタカの医師もそうですよね。おそらくジェロームも同じような気持ちを抱えていたんじゃないでしょうか。彼らにとってのヒーローがヴィンセントなんですよ、きっと。

――運命に抗って努力しまくる男だから、確かにヒーローですね。

川元　自然の摂理に逆らって手を加えたとしても、

結局は自然の摂理が働いて元に戻そうとする力、そういう見えない力が働いている感じだった。冒頭に「神の御業に逆らうな」的な聖書の引用があるのも納得のストーリーになっている。確か、こういうのって『ジュラシック・パーク』にもありましたよね。DNAをいじるのは、神の領域を冒すことだって。

——そうでした！

川元　キャスティングも見事で、ジュード・ロウとユマ・サーマンはとても美しくて、まさに適正者という感じ。イーサン・ホークはジェロームになりきっているときはピシっとしているんだけど、ヴィンセントの身分証の写真がおまぬけな表情で、見るからに「不適正者」。これはちょっとやり過ぎなのでは？って思っちゃいましたけどね（笑）。

——眼鏡がずれてるように見えるからじゃないですか？　日本の某コメディアンに似てるなあって公開当時、私たちの間では盛り上がっていました（笑）。

川元　なぜか半笑い（笑）。ほかの脇の人たちもアラン・アーキンやローレン・ディーンとか。アーネスト・ボーグナインはもっと活かしてほしかったですが、役者さんは基本、ぴったりで気持ちよかった。つまり、この世界観にちゃんと合っているということ。監督の美意識と世界観の重要さを教えてもらった映画でしたね。

ガタカ

Gattaca/1997年/106分/アメリカ
監督&脚本/アンドリュー・ニコル　出演/イーサン・ホーク、ユマ・サーマン、ジュード・ロウ、アラン・アーキン

近未来。人類は遺伝子操作によって子供を作るようになり、そうして生まれた子供を「適正者」、自然の摂理に従って生まれた子供を「不適正者」と呼んで区別していた。不適正者として生まれたヴィンセントだったが、宇宙飛行士になる夢を抱き、DNAブローカーに接触。事故で両脚の自由を失った適正者ジェロームのDNAを提供してもらう契約を結ぶ。映画のタイトル『Gattaca』の由来はDNAの基本塩基の頭文字を組み合わせたもの。Gはグアニン、Aはアデニン、Tはチミン、Cはシトシン。この4つを使って作った造語だ。宇宙局「ガタカ」の建物として登場するマリン郡シビックセンターは1957年、伝説的建築家フランク・ロイド・ライトが設計したもの。

3本目［銀河鉄道999］

〝松本アニメ〟のジャンルで見ても最高の1本！

――川元さん、今回は最後の3本目です。何を挙げますか？

川元　『銀河鉄道999』（79）です。最初の劇場版。僕が高校1年生のときスクリーンで観ました。先に漫画連載があり、それからTVシリーズ、そしてこの劇場版という順番だった。劇場版公開時の触れ込みは「結末が描かれる」だったので期待度もハンパなかったんです。漫画版もTV版も結末を迎えてなかったですからね。

――ということは、結末に衝撃を受けたことで、忘れられない作品になった？

川元　それもありますが、劇場用としてのクオリティが高かった。観る前から期待はしていたんです。というのも、スタッフがTVの『キャプテンハーロック』（『宇宙海賊キャプテンハーロック』〈78〜79〉）を作ったメンバーだったから。監督がりんたろうさん、キャラデザが小松原（一男）さん、美術監督が椋尾（篁）さん。僕はこのシリーズが松本作品の再現度の点で凄くハマったので、期待が高まっていたんですよ。そういう場合って普通、期待を裏切られることが多いと思うんだけど、これは裏切られるどころか期待以上だった。劇場作品としての完成度が高く、ビジュアル面も素晴らしくて、まさに〝映画〟という感じ。前年までの人気作品の劇場版化には感じなかった高品質感を初めて感じたくらい。メーテルも美しかったし、鉄郎も頼もしかった。

——松本作品の印象は美女とサエない男子の組み合わせなので、そこが男子にウケるのかなって。女子の反対ですよね。イケメンとサエない女子がカップルになる少女漫画、多いじゃないですか。

川元　願望ですよね（笑）。でも、映画の鉄郎はもっと大人な雰囲気で身長も高くなっていて、原作漫画やTV版よりもメーテルとの差が縮まっている。それに、松本作品で重要なのは、美女が好きになるのは常に仕事ができる男子という点なんです。見てくれはサエないかもしれないけれど、信念をもち仕事もできる。つまり、そういう要素があれば美女も認めてくれるという教訓になっているんです（笑）。

——なるほど（笑）。

川元　あとは音楽ですよね。映像と音楽のシンクロ感。曲も長編のストーリーのようにつながっている。映像とリンクすることで生まれる幸福感。そういうのを本作で初めて味わったと思います。購入したサントラは、交響詩の構成になっていて、繰り返し聴いていましたし、今でも車のなかで聴いているくらい（笑）。もうひとつは大ヒットしたゴダイゴのテーマ曲ですよね。ウェットな感じで終わっちゃった静寂のあと、エンドクレジットのときに凄く軽快な歌が流れてきて、「そうか、やっぱり未来は明るいんだ」という気持ちにさせてくれた。そういう音楽の構成や選択が映画的というか、センスいいなあって思いましたからね。

——終盤はちょっとびっくりですよね。

川元　そうなんですよ。そもそも銀河鉄道の終点が「ロボットの身体を無料で作ってくれる星」というだけで、惑星の名前は明らかにされてなかった。終着駅に列車が到着して「惑星メーテル、機械化母星メーテル」と構内放送が流れたときは鳥肌ものでしたね。鉄郎もおそらく僕と同じ気持ちだったろうって（笑）。

——メーテルって結構、酷くないですか？　高校生だった川元さんはどう感じました？

川元　というより、「それはどういう意味!?」って感じだったし、謎はすべて解かれるという触れ込みだったのに、解かれてないじゃん！って（笑）。

――それで、何度も劇場に通った？

川元　いや、二度くらい。「通った」のは『さらヤマ』（『さらば宇宙戦艦ヤマト 愛の戦士たち』〈78〉）のほうです。30回は劇場に行ったから（笑）。

――それは凄い。でも、選ぶとなると『999』なんですね？

川元　さっきも言ったけれど、やはり映画としてのクオリティが高いから。今回のような「映画の話をしてください」というお題になると『999』になる。いわゆる〝松本アニメ〟というジャンルで見てもこれが最高です。後年『1000年女王』（82）、『わが青春のアルカディア』（82）等が作られたけど、やはり『999』は超えられない。僕はそう思ってますね。

――川元さんはそもそも松本零士の大ファンだったんですか？

川元　『少年キング』に掲載された『999』の第1話を読んですっかりハマってしまい、その1話をスクラップしてずっともっていたくらい大好きだった。そのとき、絶対この物語は歴史に残るような作品になると感じていて実際、そうなったと思います。それより以前、松本零士作品は『ワダチ』や『男おいどん』、『戦場まんがシリーズ』等、ほとんど読んでいます。模写をして投稿したり、教科書の隅にパラパラ漫画で金田エフェクトとか描いていたり。初めてセル画起こしをやったのもメーテル。田舎じゃセルが手に入らないので、プラ板を買ってきて、模型用の塗料で塗ったんです。中学生の男子にとって、やっぱりメーテルはスペシャルだった（笑）。

――そうなんですね。

川元　僕はずっと、もし自分が松本作品に関わることになったら、TVシリーズの『ハーロック』をやっていたころの小松原さんの意志を継ぐつもりで描くと決めていた。松本さんの原作を基にしたOVA『ザ・コクピット』という3話からなるオムニバスの第2話『音速雷撃隊』（93）でキャラデザと作監を担当する機会をもらったときは、そんな想いをぶつけたんです。動画・仕上げさんには負担をかけて申し訳なかったけど、描きされたことで比類ない松本調アニメになったと自負しています。

――松本さんにもお会いしたんですか？

川元　直接お会いしてご挨拶しました。そのとき、キャラの設定をお見せしたんです。松本さんは航空ゴーグルの形状をデフォルメして描くので、僕もそうやったんですが、「帝国海軍はこうじゃない」と言われて、ホンモノの古びたゴーグルを渡されました。つまり、そこは松本調じゃダメということですよね。なんとなく気持ちはわかるんです。自分の絵を他人に描かれるとき、欠点を強調されているように見えちゃうことがわりとあるので。でも実際は自分の絵がただ下手だったのでしょうね（笑）。だからこの作品、ほかは松本調を守っているけど、ゴーグルだけは違うんです。

――ファンであることを告白したんですか？

川元　いや、平静を装いました（笑）。でも、色紙にはメーテルを描いてもらったので、ああ、これで僕の長年の念願は叶ったなって（笑）。

――それはすてきですね！　もしかして川元さんがアニメーターになった直接のきっかけは松本零士作品だったんですか？

川元　どうなのかなあ。当時は本当にいろんなアニメや漫画を見ていて、そのひとつひとつの影響を受けていると思います。でも、アニメの道に進んだ大きなきっかけになったのは庵野（秀明）さんたちが作ったアニメをDAICON FIlM（ダイコンフィルム）で観たときかな。その作品には『ヤマト』や『マクロス』（『超時空要塞マクロス』〈82～〉）を筆頭に、たくさんのアニメのパロディが入っていたのだけど、それをアマチュアが素晴らしいクオリティで作っていたことに感化されたんだと思います。ちょうど、サラリーマンをやっていたころで、何か燻っていたものがあったのかも。それがきっかけで仕事を辞め、夢を実現すべく動き出したんです。

銀河鉄道999

1979年/129分/日本
監督/りんたろう　原作/松本零士　作画監督/小松原一男　監修/市川崑　美術/椋尾篁、窪田忠雄　声の出演/野沢雅子　池田昌子

身体を機械に変えることで人間が永遠の命を手に入れられるようになった未来。しかし機械の身体は高価で、貧しい人々は買うことができなかった。幼いころ、愛する母を“機械伯爵”に殺され復讐を誓う少年・鉄郎だが、彼を倒すには自分も機械の身体を手に入れなければならず、そのためには銀河鉄道999に乗り、機械の体を無料でくれるという星を目指すしかない。そんなある日、謎の美女メーテルから999号のパスをもらった鉄郎は彼女とともに宇宙へと旅立つ。松本零士の同名コミックを原作とする名作SFアニメ『銀河鉄道999』の劇場版第1作。原作コミックの「アンドロメダ編」を基に、TVシリーズとは異なるキャラクターデザインで作られた。

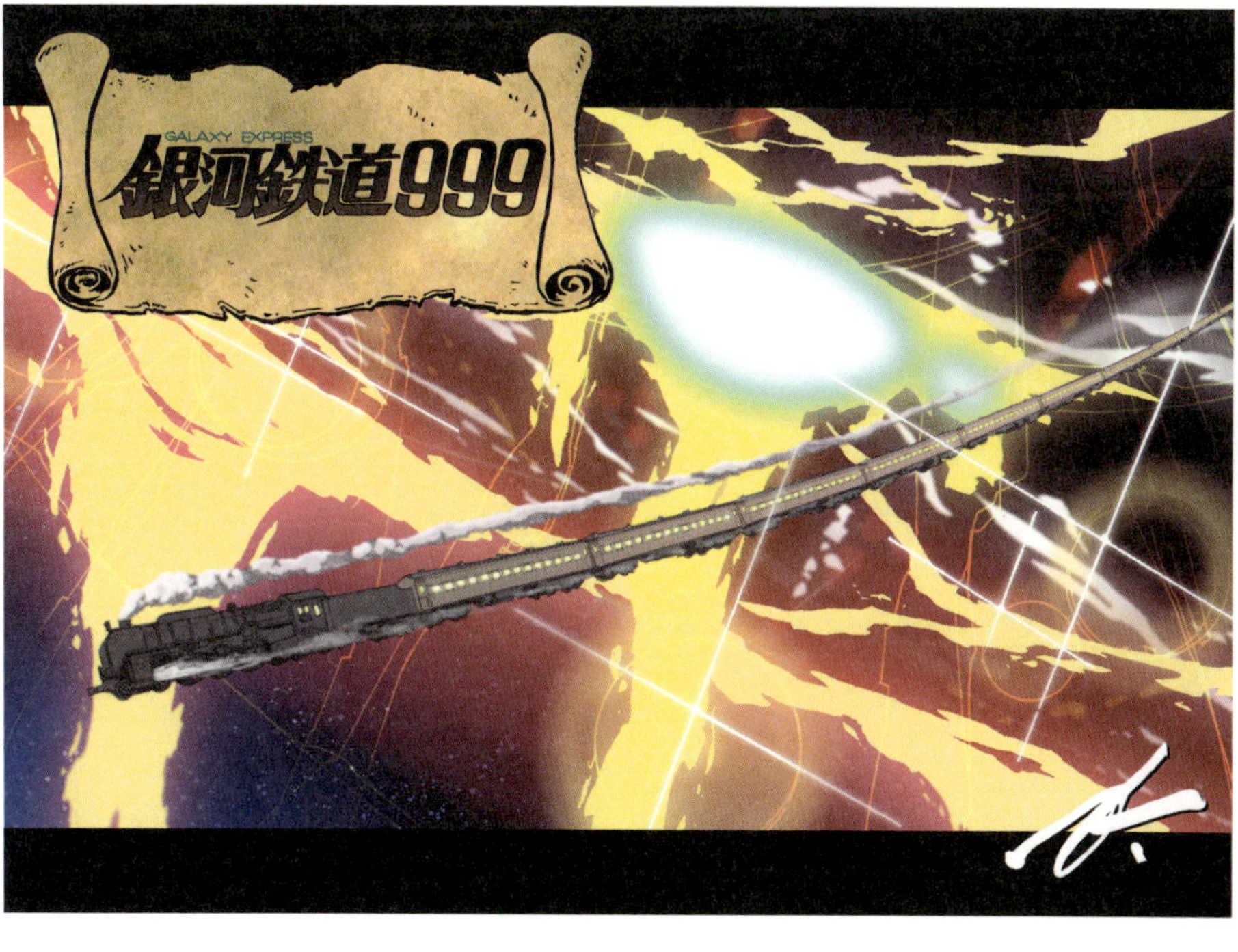

オレの映画3本

『E.T.』

『泥の河』

『グロリア』

INTERVIEW

007

湯浅政明

PROFILE

MASAAKI YUASA

1965年3月16日生まれ。福岡県出身。アニメーション監督・アニメーター・脚本家。

映画『マインド・ゲーム』(04)で長編アニメ監督デビュー。手掛けたおもな監督作品に、TVアニメ『ケモノヅメ』(06)、『カイバ』(08)、『四畳半神話大系』(10)、『ピンポン THE ANIMATION』(14)、『映像研には手を出すな!』(20)、Netflix配信作『DEVILMAN crybaby』(18)、映画『夜は短し歩けよ乙女』、『夜明け告げるルーのうた』(ともに17)、『きみと、波にのれたら』(19)、『犬王』(22) 等がある。

1本目「E.T.」

自転車の使い方がとにかく素晴らしい！

――まずは1本目の作品をお願いします。

湯浅　『E.T.』（82）です。小さいころから好きなジャンルがはっきりしていて、いわば藤子・F・不二雄の『ドラえもん』みたいな感じ。日常のなかにSF的要素があるというか、日常にSFが侵食してくるような作品が昔から大好きだったんです。『E.T.』は、劇場に何かの映画を観に行ったとき予告編がかかっていて「これは絶対、僕が大好きな映画だ」と確信して心待ちにしていた。ただ、タイトルを覚えてなくて、間違えて先に『ポルターガイスト』（82）を観ちゃったんですけどね（笑）。

――劇場を間違えたんですか？

湯浅　スピルバーグってだけしか覚えてなくて。郊外の住宅地のポスターで「何かがいる」って書いてあったからこれだと思って。でも『E.T.』は、劇場に行く前試写で観たのが最初です。確か高校2年生くらいだったかな。当時、学校では『E.T.』か『愛と青春の旅だち』（82）の2本がちょっとしたブームだった。男子は『E.T.』、女子は『～旅だち』という感じだったと記憶してます。もちろん、僕は『E.T.』派で、試写で観ている間中、多幸感に満たされて、口角が上がりっぱなしでした。

――湯浅さん、子供のころからあまり感情を表に出さないタイプだっておっしゃってましたよね？

湯浅　だから、それほど嬉しかったんです。僕のツボは自転車。別に自転車に思い入れがあるわけじゃないんですが、この映画の自転車の使い方が素晴らしく、自転車が走るのがひたすら嬉しかった。小さな子供サイズの自転車が車に勝ったり、宇宙人を守ったり、挙句は空まで飛んじゃう。飛ばなくてもいいとは思ってたけど、最初観たときはとにかく自転車ばかり観てたんです。

――そういう視点は珍しいかもしれません。普通はE.T.くんとエリオット少年の友情、ですよね？

湯浅　最後、E.T.と少年が抱き合うじゃないですか。初めて観たときは気持ち悪いって（笑）……というか、E.T.との心のやり取りにはあまり着目してなかったし、ふたりの友情に気が付いたのも、劇場で2回目を観たときだった。だから、本当に自転車しか目に入ってなかったんだと思います、最初は。宇宙のでっかい問題を、子供たちが自分たちサイズのちっちゃい自転車で解決するところが嬉しかったんだと思いますね。でっかいNASAの車に子供用の自転車が勝っちゃうって最高じゃないですか？少年が車を一台やり過ごすシーンがあるんですが、そこも大好き。音楽も結構大げさに付けられていて、そのおかげもあってとても盛り上がる。小さい子供たちが巨大な存在に競い勝つというのが好きだったんですよ、きっと。子供たちの武器は自転車だけですからね。本当にハマっちゃって、しばらく『E.T.』の余韻をかみしめながら生活していたくらい（笑）。

――ドラマは、何度か観たあとに気づいたということですか？

湯浅　観返すたびに「そうか、ドラマは感動的だったんだ」って。さっき、少年とE.T.が最後に抱き合うのが気持ち悪かったたって言いましたけど、何度も観るうちにそのシーンも感動に変わりましたね。E.T.とが少年の心臓のところを指して「いつも（僕は）ここにいるよ」というシーンも、ちゃんと音楽と合っていて盛り上がる。

――ラストのふたりの掛け合いは名シーンだといわれていますよね。

湯浅　もちろん。そういうこともわかるようになったんですけど、でも、やっぱり僕にとっては自転車なんですよ。のちに、宮崎（駿）さんが「車と自転車が競走して、自転車が勝つのがアニメーションなんだ」みたいなことをおっしゃっていたのを読んで、まっさきに頭に浮かんだのが『E．T．』の自転車シーンでした。「宮崎さんの言う通りだ」って（笑）。

——スティーブン・スピルバーグ監督作ですが、彼の映画ということは当時、意識していたんですか？

湯浅　もちろん。スピルバーグ世代ですから。『未知との遭遇』（77）を観てたんじゃないかな。でも『〜遭遇』は僕にはちょっと難しかったので、あまりよく憶えてない（笑）。『1941』（79）も観てたと思いますが、やはり『E．T．』なんです。さっき、間違えて観ちゃったと言った『ポルターガイスト』も好きでしたよ。監督はトビー・フーパーで、スピルバーグは製作・脚本でしたよね？　これは、霊能者のおばさんがかわいかった。TVから始まって、最後もTVで終わるというのも好きでした。TVという日常的なアイテムから恐怖が始まり、その元凶になったTVを上手く使ったラストになっていた。そういう終わらせ方、凄く好きなんですよ。あとはジョー・ダンテの『エクスプロラーズ』（85）。これも子供たちの日常に宇宙からの通信が届いて宇宙船を造るというSFファンタジーで、やはり藤子・F・不二雄っぽい。とりわけ宇宙に行く前、僕は大変盛り上がりましたね。『E．T．』を観たあと、そういう映画を探しているなかで出会った掘り出し物という感じかな。

——どの映画も子供が主人公だったり、重要な存在だったりしますが、そこもポイントだったんですか？

湯浅　高校生のときの僕は漫画を描いていたので、その主人公となるとやっぱり子供なんですよね。そういう漫画創作に刺激を与えてくれるような映画を観ようとしていたので、子供が出てくる作品が多くなる。だから当時は、わりと冷静に映画と対峙していて、「そうか、こうやって物語を展開させるんだ」と分析しながら観ていたんだけど、『E．T．』は冷静ではいられなかった。すっかりスクリーンに引き込まれちゃった。だから、忘れられない映画となると『E．T．』になる。

——湯浅さん、そういう子供が主人公で、日常に不思議が忍び込むようなアニメーション、作っていましたっけ？

湯浅　いや、まだ作ってないんです。藤子・F・不二雄の作品を始め、フレドリック・ブラウンのSF、アン・フィリッパ・ピアスの『トムは真夜中の庭で』……本当はそういうアニメーションを作りたいんですけど、そういうのって意外と実写でもう作られているんですよ。

――そうかもしれませんね。『トムは真夜中の庭で』も英国のTVドラマがあるし、フレドリック・ブラウンの『火星人ゴーホーム』（映画版は『火星人ゴーホーム！』〈89〉）も実写化されてはいましたが……。

湯浅　チャウ・シンチーの『少林サッカー』（01）なんて、本当はアニメ向きなのに実写でやられちゃっている。でも、いつかそういう作品を作りたい。『犬王』がヒットすれば、そういう可能性も生まれるかもしれないですよね（笑）！

E.T.

E.T. The Extra-Terrestrial/1982年/115分/アメリカ
監督/スティーブン・スピルバーグ　脚本/メリッサ・マシスン　出演/ヘンリー・トーマス、ドリュー・バリモア、ピーター・コヨーテ、ディー・ウォレス

郊外の住宅地。両親の離婚によって母と暮らすことになった10歳の少年エリオットと妹のガーティ、兄のマイケルの三兄妹。とある夜、宇宙人と遭遇したエリオットは、彼をこっそり家でかくまうことに。その宇宙人は地球にひとり取り残されていたのだ。そしてそれは子供たちだけの秘密になるのだったが……。同年のアカデミー賞では作品賞・監督賞を始め9部門でノミネートされジョン・ウィリアムスの作曲賞等、4部門で受賞した。製作費はわずか1000万ドルだったが、世界中で大ヒットを記録。日本では『もののけ姫』(97) が登場するまで日本最高配給収入記録の座をキープし続けていた。スティーブン・スピルバーグ監督の代表作のひとつ。

2本目［泥の河］

ノスタルジーでは片づけられない重さと深さ

――湯浅さん、今回は2本目です。選ばれた作品がちょっと意外でした。

湯浅　『泥の河』（81）です。小栗康平監督の長編デビュー作ですね。昭和31年の大阪を舞台にした1981年製作の映画なんですが、あまりにリアルで実際に昭和31年に撮られたように見える（笑）。

――モノクロのスタンダードだからそう見えるという次元じゃなく、本当に昭和31年の世界観。私もその時代を知っているだけに再現度の高さに驚きました。

湯浅　僕も初めて観たとき……最初に観たのはTVでオンエアされたときだと記憶してます。そのとき、僕のうちにはビデオデッキがあったので録画して繰り返し観たんです。

――どういうところがお好きだったんですか？

湯浅　やっぱりあの世界観ですよね。僕が知っている昭和40年代の福岡もまさにあんな感じだった。あるある感がハンパない。子供の視点でずっと語られているんだけど、その子供が何となく感じている〝闇〟がちゃんと伝わってくる。両親が抱えている闇、店に来るお客さんから感じ取る戦争の傷跡。そして、友だちになった少年とそのお姉さんが秘めている闇。直接的な描写は極力抑えつつ、ちゃんと伝わってくる。

――主人公の両親は川の側でうどん屋を営んでいて、川の向こう岸にある日、一隻の小さな船が停泊する。その船で暮らす少年と仲良くなるんですよね。

湯浅　姉弟の母親はその小さな船で娼婦をやっている。うどん屋の両親はそれも知っているんだけど、ふたりにはとても優しいんです。お姉さんにワンピースを着せてあげて「よく似合ってる。もって帰りなさい」って。でも、お姉さんは「ありがとうございます。でも、結構です」みたいな感じでとても礼儀正しくお断りする。その礼儀正しさが胸に刺さってしまう。

――泣けちゃいますよね。うどん屋のお母さんと一緒にお風呂に入ったときも「お風呂に入ったの二度目です。気持ちいい！」みたいな。もう切ないというか健気というか……。

湯浅　……やるせない感じ。

――そうそう、まさにやるせない。

湯浅　夜店に行くエピソードも、初めてもらったお小遣いで、何を買おうかとドキドキしながら考えていたら、ズボンのポッケに穴が開いていて落としちゃっていたとか。

――あのエピソード、ほんとたまらないですね。

湯浅　とても貧乏なんだけど、主人公の少年には貧乏という感覚がないというのもリアルですよね。徹底して少年の視点を守っていて、冒頭近く、橋の上でうどん屋のお客が事故に遭って死ぬシーンがあるんだけど、それもあくまで少年の視点。だから被害者の足しか見えないんですよね。そういうエピソードのひとつひとつ、庶民の生活が驚くほどリアルに描かれている。記号的に描いていないからです。おそらく、当時を知らない今どきの監督が撮ると記号化されちゃうんじゃないですかね。

――確かにそうかも。

湯浅　ＮＨＫの連続ＴＶドラマとか観ていると、時代を経てもほとんど変わらないんですよ。30年にも及ぶドラマであっても、最初とさして変わらない。確実にキャラクターは成長しているのに、ずっと最初の時代の世界観でやってるんです。もちろん、制作費のこともあるんだろうけど、実際にその時代を体験した人とそうじゃない人の差が大きい。若い人たちはその時代を体験していないので、こだわろうにもこだわれないのかもしれないし。

――『泥の河』のような映画をアニメーションでやる場合はどうなるんですか？『この世界の片隅に』(16)みたいな感じになるの？

湯浅　どうなんでしょうね。『～片隅に』はリアルなんだけど、やはりアニメっぽくカリカチュアしたところもある。貧乏なんだろうけど『泥の河』のような貧乏さとは違うし。もしまんま作ってしまうとおそらく、とても地味になっちゃいそうですよね。

――湯浅さん、そもそもなぜ『泥の河』なんですか？

湯浅　1作目にあげた『E.T.』もそうなんだけど、ちょうど、少年主人公の漫画を描いていたからというのがある。当時はノスタルジー的な作品を描いていたので、やっぱり主人公の少年の服装は半ズボンにランニング。最初は、そういう資料的に見ていたんだけど、すっかりハマってしまったという感じですね。

――これまではノスタルジー的な作品、作っている印象はないですよね？

湯浅　それは意識的なんです。たとえ過去を舞台にしてもノスタルジックにはしないように気を付けてるんです。でも、『泥の河』や『E.T.』にハマっていたときはノスタルジーに憧れてましたから。タイムスリップグリコもハマっちゃって集めてましたからね（笑）。でも、『泥の河』はノスタルジーという言葉では片づけられない重さと深さがある。

――そうですね。本当に重かった……。実は私は今回、初めて観たんですが、その重さに驚きましたね。凄い映画だなって。

湯浅　どこで観たんですか？

――Ｎｅｔｆｌｉｘです。

湯浅　ああ、なるほど。今は配信でもやっているんですね。実は『泥の河』ってずっとソフト化されてなかったんですよ。確か今も単品のＤＶＤやＢＤ（ブルーレイ）はなくてＢＯＸセットだけなんじゃないのかな。だから僕も録画したテープを大切にしていたんです。

――ビデオデッキを購入されたの、結構早かったんじゃないですか？

湯浅　そうなんです。1980年の8月6日に家に来た。なぜそんなに鮮明に憶えているかと言うと、その日ちょうど、『銀河鉄道999』(79)がTVオンエアされたから。当時はまだビデオテープも高かったので、オンタイムで観ながらCMを抜いて録画していたんです。

——わかります(笑)!

湯浅　僕、初めて自分のお金で買ったビデオソフトって『カリ城』(『ルパン三世　カリオストロの城』〈79〉)だったんです。『カリ城』って上映時間99分なんだけど、そのテープは90分だったので、少なくとも9分はカットされてるんですよ。

——本編がカットされているってこと？　そんなことあるの？

湯浅　あったんですよ。確か1万2000円とか1万3000円とかしたのに、コブラツイストのシーンとか、屋根から屋根へと飛び移るシーンがばっさり切られていた。大好きなシーンなのに!

——それって、当時のビデオソフトのあるあるなんですか？

湯浅　その辺のことはよくわかんないんですが、やっぱり録画テープそのものが高額だったからかもしれないですよね。

——それにしても酷い!　ということはさておき、今回も少年ものでしたね。

湯浅　そうなんです。実は3本目も、ある意味、少年の存在が重要だったりする。

——なるほど!　それは楽しみです。

泥の河

1981年/105分/日本/黒白
監督/小栗康平　原作/宮本輝　脚本/重森孝子　出演/田村高廣、藤田弓子、朝原靖貴、加賀まりこ、柴田真生子、桜井稔、初音礼子

朝鮮戦争の新特需を足場に高度経済成長へと向かおうとしていた昭和31年。「もはや戦後ではない」といわれていた時代に、大阪・安治川の河口でうどん屋を営む両親に愛されて育った信雄。ある夏、信雄が仲良くなったのは、向こう岸に停泊している船に暮らす姉弟だった。うどん屋の客たちが、その姉弟の母親の職業についていろいろウワサするなか、信雄の両親は姉弟に何かと目をかけていた。『泥の河』は小栗康平の処女作。キネマ旬報ベストテンの第1位、日本アカデミー賞最優秀監督賞を受賞。米国のアカデミー賞では外国語映画賞にノミネートされた。宮本輝の同名小説の映画化で、宮本はこの作品で太宰治賞を受賞し作家デビュー果たしている。

3本目［グロリア］

ふてぶてしくもチャーミングなグロリア！

――というわけで湯浅さん、最後の3本目です。

湯浅　ジョン・カサヴェテスの『グロリア』（80）です。これも最初はＴＶの吹替で観たんですよ。ちょうど、『ブレードランナー』（82）が公開されたころだと記憶しているので、僕は17歳くらいですね、おそらく。『グロリア』を録画して何度も繰り返し観るうちに、どんどん好きになっていったという感じ。

――かつてマフィアと関係していたらしいおばさん〝グロリア〟が、そのマフィアの情報を売った男の奥さんから幼い息子を託され、一緒にニューヨーク中を逃げ回る話ですね。

湯浅　最初に観たときはアクションが面白いと思ったんです。マフィアが乗った車に向かってグロリアが発砲するシーン。堂々と撃って、撃たれたほうも凄く痛そうだった。その前のシーン、グロリアが少年を連れてアパートから逃げ出すプロセスもスリリングで、その一連の流れが素晴らしかった。どうにかアパートを出たら、そこに車が回り込んできてグロリアの横に付けて、子供を渡せ云々とやりとりしているんだけど、突然、グロリアがブローニングを取り出してパンパンパンと撃ち、撃たれた男がとても痛がる。これがワンカットなんですよね。めちゃくちゃかっこいい！

――そうでしたね。

湯浅　何度も観るたび惚れぼれしてしまうのは、グロリアのかっこよさ。でも観た当初はいい歳したおばさんで、美人でもないと思っていた。そのくせファッションは派手目。しかも常にハイヒールなんですよね。子供を預かるのもわりといやいやな感じだし、料理もからっきしダメ。目玉焼きもまともに作れず、頭にきてフライパンごとゴミ箱に捨てちゃったりする。

——衣装はエマニュエル・ウンガロというフランスのハイブランド。そういうファッションにはこだわりがあるようで、逃げるときも服にこだわっている感じがしました。

湯浅　フランスの服なんですね。和風趣味の濃いものもありました。今ならオシャレに見えますが、当時はそういうヒラヒラのファッションも似合ってるとは思えなくて、それも含めてとてもふてぶてしいチャーミングなおばさんという印象でした。『ピンポン』のオババに印象が近いかもしれない。あの風貌で「愛してるぜ」って言うのがかっこいい感じ。

地下鉄で追手に捕まりそうになったとき、痴漢だーみたいな感じで騒いだら、乗客が取り押さえてくれる。グロリアはその乗客にありがとうと言って投げキッスするんですが、それがまたかっこいい。

——その地下鉄もそうですが、タクシーとかバスとか、乗り物がたくさん出てくるのも特徴ですよね。

湯浅　タクシーでも、マフィアが一緒に乗り込んできて「何するのよ！」って騒いだら、運転手がもっそりと、そいつをつまみ出してくれる。車の外に出ると、そのドライバーがめちゃくちゃ背が高くてびっくりみたいな、そういうエピソードの意外性が楽しいんだけどリアル。デフォルメしているんじゃなく、実際はこういう感じなのかもというリアリティを感じるんです。

リアリティといえば、少年にも感じましたね。こういう設定の場合は普通、思わず守りたくなるようなかわいい子だったり健気な子だったりすると思うんですが、この少年ってちょっと変わってませんか？

——ルックスも性格も含め、まるでかわいくない。それに生意気！　確かに変わってました。

湯浅　父親に「お前が家を守るんだ」みたいなこと

を言われたせいか、幼いくせに「僕は男だから」云々と言って、男らしく振る舞おうとする。グロリアにも「アイ・ラブ・ユー」とか言って妙にませくれている。こういう映画のときの子供とはちょっと違う。絶妙にかわいくない（笑）。そういうのもリアルなんだと思いましたね。

——ジョン・カサヴェテスがそういうリアルを得意とする監督だといわれていますよね。それに、ニューヨーク出身なのでやはりニューヨークにはこだわりがある。

湯浅　冒頭も水道管から水が噴き出していて凄く暑そうな感じで、ニューヨークっぽいイメージ。バス・地下鉄・タクシーもニューヨークらしさを表しているんですかね？　グロリア役のジーナ・ローランズは監督の奥さんで、彼の作品にたくさん出演している。僕もこの映画でカサヴェテスに興味をもち、何本か監督作を観たんですが、当時の自分にはピンとこなかった。難しすぎるって感じで（笑）。

——わかります（笑）。私は役者としてのカサヴェテスのほうが好きなので。『特攻大作戦』（67）とか『フューリー』（78）とか『俺はプロだ！』（68）とか。こずるい男を演じると上手い……なんていうと、カサヴェテスを神格化しているシネフィルに怒られそうですけどね（笑）。

湯浅　そういう彼のファンによる『グロリア』の評価はあまりよくないみたいですね。（メジャースタジオの）コロムビアで作ったせいか「スタジオに魂を売った」とかいう人もいるみたいだし、ラストが甘いと怒る人もいる。スタジオに「ラストが暗すぎるから撮り直せ」と言われたという説も聞いたことがある。でも、あのラストはいろんな解釈ができますよね？

——そうですね。あれをまんま受け取ると突然のお花畑ハッピーエンドだけど、伏線を考えたりするとアンハッピーエンドになる。

湯浅　実はグロリアも少年も死んじゃっているのではないか？って説。伏線や、そのシーンの不具合を考えると、どうもふたりとも死んじゃっている感じが強い。僕も、何度も観ているうちに、ふたりの死説に確信をもつようになりましたね。一番の理由は、ラストだけリアリティがないから。スローモーションになってふたりが抱き合うなんて、それまでの演出からするとありえない甘さですから。音楽もベタベタに甘々。感情を盛り上げるようにつけてあって、わざとらしさを感じる。

――きっと、スタジオの要求に応えてああいうラストを作り、どちらの解釈もできるようにしたんでしょうね。カサヴェテス本人はきっとアンハッピーエンドのつもりだったんじゃないですか？　シャロン・ストーンでリメイクもされましたが、そちらはご覧になりました？

湯浅　それが、観たのか観てないのか、よく憶えてないくらいで（笑）。少なくとも、あの少年はもっと「守ってあげたい」タイプに変わっていると思うし、グロリアもシャロン・ストーンだとちょっと細いイメージですよね。オシャレに見えない無骨な人のほうが自分は魅力的に見えるのかも。彼女にはジーナ・ローランズのかっこよさは無理だろうって。ローランズは、女ひとりでマフィアの世界で生き延びてきたという感じもちゃんと伝わってくるじゃないですか？　それを体現できる女優さんはそうはいないと思います。そういう雰囲気もちゃんと出ているからしっかりかっこいいんですよ。

自分の作品でも、女性を描くときは、グロリアっぽくしたくなりますね。女性をあまり女らしく描きたくないと思ってしまうのは『グロリア』の影響もあるのかもしれない。ちゃんと男とも互角にやりあえる強さをもっているほうがかっこいいから。そういうキャラクターには男女問わず憧れます。

――これまでの湯浅作品にそういう女性キャラ、出てました？

湯浅　いや、あまりないかもしれないです。仕事を始めたころはステレオタイプの女らしいキャラクターを描こうとしていたところがあるので。作画だと、きっちり性別によってポージングや動きの違いを描き分けられるのが上級者というか、まず学ばなければならないことだったので、女性キャラなら内股で肘を閉めるように走らせるようなことをしていましたね。

グロリアっぽいというか、ステレオタイプでない、できればしっかりした強い女性を描きたくなったのは演出を始めてから序々にかな。というか、女性男性も関係なく、本当の意味でかっこいいキャラクターを描きたいとは思っています。原作でそこが重要な部分として組み込まれている場合は、ある程度従わざるをえないときもありますが。

――ということは湯浅さん、今回の3本、『E.T.』と『泥の河』と『グロリア』のような作品はまだ作っていないということですよね？

湯浅　そうなるのかな。『E.T.』のような日常を舞台にしたSFはやりたいし、実際にやってみたい話もあるので、その準備をしている段階。また、漫画で描きかけの話もあって、それをまとめておきたいとも思っています。企画が通ってからやり始めるんじゃ遅いし、それからだと原作ものと同じスケジュールでは薄味の作品になりがち。濃いめに作るなら、前もって準備しておくのが必須だと今は考えていますから。

――どんな話なんですか？

湯浅　幼稚園児が地球を救う使命を帯びるんだけど、ちっちゃいのですべてが思うようにはいかないという話です。すぐに眠たくなったり、危険な場所にはちっちゃいんで入れないとか。シンプルな日常を舞台にしたSFです。漫画に関しては25年くらい前からときどき描き始めては途中で終わっている。ちょこちょこ描き足しながらまとめて発表できるといいんですが。

――まだまだやることはたくさんありますね。

湯浅　そうです。がんばります（笑）！

グロリア

Gloria/1980年/123分/アメリカ
監督＆脚本/ジョン・カサヴェテス　出演/ジーナ・ローランズ、ジュリー・カーメン、バック・ヘンリー、ジョン・アダムス

マフィアの会計士がFBIに情報を漏らしたため命を狙われてしまう。その一家と同じアパートに住むグロリアは、彼らの幼い息子フィルを預かり面倒をみるハメに。会計士はマフィアの情報を記した手帳を息子に預けたため、グロリアはマフィアに追われることになる。ヴェネツィア国際映画祭で最高賞にあたる金獅子賞を受賞し、主演のジーナ・ローランズがアカデミー主演女優賞にノミネートされた。監督のカサヴェテスはインディペンデント映画というジャンルを確立させた映画人といわれ『フェイシズ』(68)、『こわれゆく女』(74)、『オープニング・ナイト』(77) 等が高く評価されている。このすべての作品に出演しているのが妻のジーナ・ローランズ。

オレの映画3本

『マイ・フレンド・メモリー』

『フィッシャー・キング』

『アメリカン・ユートピア』

INTERVIEW

008

本郷みつる

PROFILE

MITSURU HONGOU

1959年10月12日生まれ。東京都出身。アニメーション監督・脚本家。
1981年亜細亜堂へ入社。退社後、フリー集団「めがてんスタジオ」を1992年に結成。TVアニメ『クレヨンしんちゃん』(92−96)の初代監督、映画『クレヨンしんちゃん』シリーズ(93−96、08)を監督し大ヒットさせる。おもな監督作にTVアニメ『チンプイ』(89−91)、『キョロちゃん』(99−01)、『モンスターハンター ストーリーズ RIDE ON』(16−18)、『本好きの下剋上 司書になるためには手段を選んでいられません(19−22)、『ぐんまちゃん』(21−23)、『柚木さんちの四兄弟。』(23) 等多数。

1本目

まさに〝映画の教科書〟のような1本

［マイ・フレンド・メモリー］

――さてさて本郷さん、今日は第1回目ですが、どの作品にしますか？　本郷さんはよく劇場にも行っているし、映画が大好きという印象が強いですよね。

本郷　雑食ですけど、よく観ています。今回は、もしかしたらこのコラムを読んで「観てみよう」と思う人がいるかもしれないので、あまり有名じゃない作品から選んでみたんです。その最初の1本は『マイ・フレンド・メモリー』（98）なんですが、この映画、麻紀さん観てますか？

――ちょっと記憶にないですね。そのころ、〝マイフレンド映画〟ってたくさんあったじゃないですか？　そのなかの1本ですよね。ブラッド・レンフロが出ていたのは何でしたっけ？

本郷　『マイ・フレンド・フォーエバー』（95）じゃないですか？

――そうそう、それがヒットしたので、そういう少年の友情系の映画には〝マイフレンド〟という邦題をつけるようになったんですよね。

本郷　だからこの作品の原題もまるで違っていて『ザ・マイティ（The Mighty）』なんです。確か原作もある。難病を患い死に向かって行く少年ケビンと、身体は大きいんだけど、頭のほうはいまいちの少年マックスが助け合って一人前になっていく話なんですよ。ポスターやDVDのジャケットになっている写真、大きい少年が小さいほうを肩車している図は、ふたりがひとつになることを意味しているんです。

——ふたりが合体して〝ザ・マイティ〟になるんですね？

本郷　そうです。役者はケビンの母親にシャロン・ストーン、ケビンにはマコーレー・カルキンの弟のキーラン、さらにジーナ・ローランズとアメリカの役者が揃っているんですが、監督のピーター・チェルソムは英国人、主題歌を歌っているのはスティング。舞台も英国というかロンドンの下層階級が住むような荒れた地域で、マックスの父親は母親を殺して服役中。マックス自身、頭が弱いせいもあって学校でいじめられていたりという、重いバックグラウンドがあるんです。

——なるほど。

本郷　そんなマックスの隣の家にケビン一家が引っ越してきて、ふたりは仲良くなる。いじめられるがままのマックスに「何で君はいじめられて黙っているんだ。そのままだともっといじめが酷くなるぞ」云々と言って彼を励まし、いじめっ子に対抗したりする。ポスターの写真のように、頭の部分をケビン、身体がマックスで、ふたりして前に進もうとするんです。

——ということは、ふたりにとって運命的な出会いだったわけですね。

本郷　そうです。ケビンはマックスに「アーサー王伝説」を読ませて、読書の喜びを教えてくれるので、マックスに向学心が生まれ、知性が備わってくる。それと同時にケビンの病気も悪化していくんですけどね。私はこの5年間、大学でアニメーションを教えているんですが、毎年この作品をみんなに観せていて、そのたびに泣いちゃうんです。

——何度も観ているのに、その都度泣けるって凄いですよね。

本郷　私のツボを押しちゃうんですよ。演出は抑え気味で、説明的なセリフもない。時間の経過とともにキャラクターの置かれた状況等がわかってくるので、彼らの印象も徐々に変わっていく。たとえばマックスのおばあちゃん——ジーナ・ローランズが演じているんですけど、彼女も最初は孫に対して冷たい感じというか無関心っぽいんですけど、実は違っていて……みたいに変化していく。一番印象的だったのはジリアン・アンダーソン。彼女のキャラクターも変化していくんです。

──『X－ファイル』シリーズのダナ・スカリー捜査官ですね。

本郷　そうそう。ドラッグ中毒の娼婦なんですけど、彼女、いいんですよ。そうやって「いい」や「ちょっといい」が積み重なっていく。凄かったり派手だったりするシーンはないんですけど、そういうエピソードを積み重ねるという丁寧な仕事が1本の映画を創り上げている……そんな感じ。役者たちも揃っているんですが、誰ひとりとして目立つような演技はしていない。そういう意味では映画の教科書のような作品になっているんじゃないかとも思います。

──だからこそ、何度観ても飽きないのかもしれませんね。

本郷　そうなんだと思います。モノを創っている身で言うと、普通に面白い映画というのが、実は結構ハードルが高い。ナイフを振り回したりとか、爆発が起きたりとか、血が噴き出したりとかいうシーンがあると興味を引くじゃないですか？　そういうのナシで、どこまで観客を引っ張れるか？　だから、意外と難しいんです。そういうところをクリアした映画が、何度観ても面白いし、何度も観たくなる映画になるんじゃないかなって思うんです。

──それはわかります。往年の映画でも、そういう人生の一片を切り取ったような映画に名作や佳作と呼ばれるもの、結構ありますもんね。

本郷　それに私、子供と動物ものにヨワい（笑）。だから、まさにこの作品はぴったりだったんだと思うんですよ。

──アーサー王伝説というのは、どういうふうに関係しているんですか？

本郷　映画の構成が章立てになっているのは、アーサー王伝説に由来しているんじゃないかな？　映像的にも、さっきまで浮浪者だったおじさんが甲冑を着けた騎士になっていたり、少年たちの後ろに騎士が出現して黙って応援しているようなファンタスティックなエピソードもある。何の説明もないんだけど、違和感はないんですよ。そういうところも好きですね。肩車された少年ケビンが剣をもっているのもアーサー王なんです。

――イギリス人って、本当にアーサー王大好きですよね。ジャンルを問わず、よく登場する。

本郷　いろんな映画によく出てきますからね。実は2本目もアーサー王がらみなんですよ。

――おお！　それは楽しみです！

マイ・フレンド・メモリー

The Mighty/1998年/100分/アメリカ
監督/ピーター・チェルソム　原作/ロッドマン・フィルブリック　脚本/チャールズ・リーヴィット　出演/エルデン・ヘンソン

家庭に問題を抱え、学校でもいじめを受けている大柄の少年マックス。そんな彼の隣の家にケビンという聡明な少年一家が引っ越してきた。口が達者で頭の切れるケビンと仲良くなり、新しい世界を知るマックスだったが、ケビンには死期が近づいていた……。監督のピーター・チェルソムは『ヒア・マイ・ソング』（91）で注目された英国人監督。本作が初のハリウッド資本で作った映画になる。その他の作品に日本の同名映画をハリウッドリメイクした『Shall We Dance?』(04)がある。出演者には上記のほかにジーナ・ローランズ、ハリー・ディーン・スタントン、ミートローフやジェームズ・ガンドルフィーニ等、地味ながら豪華。

2本目

［フィッシャー・キング］

ギリアムのもっとも元気のあった時代の傑作

――1作目の『マイ・フレンド・メモリー』(98)はアーサー王伝説に関係していましたが、2作目もアーサー王がらみですね。

本郷　そうです。テリー・ギリアムの『フィッシャー・キング』(91)です。タイトル自体がアーサー王伝説に登場する王様の名前で、決して癒えない傷を負った君主を癒すために臣下たちが聖杯を探すという話。これをモチーフにしているので、聖杯も騎士も登場する。

――自分の扇動的な言葉のせいで、リスナーを殺人犯にしてしまったジェフ・ブリッジス扮する人気DJは落ちぶれ、ビデオ屋のおねえさんのヒモ生活を送っている。そんなとき、その事件で愛妻を失い、心を深く病んで浮浪者になってしまった男ロビン・ウィリアムスと出会い、何とか彼を幸せにしてあげようとする……というストーリー。そこに、ウィリアムスが聖杯と思い込むアイテムも出てきますので、確かにフィッシャー・キングの伝説を踏まえていますね。

本郷　ギリアムのキャリアは、モンティ・パイソンのアニメパート担当から始まり、『モンティ・パイソン・アンド・ホーリー・グレイル』(75)では共同監督。アーサー王とは近い印象なんですが、この作品の脚本はギリアムじゃない。リチャード・ラグラヴェネーズという人のオリジナルです。アーサー王だからギリアムに頼んだのか、どれくらいギリアムがいじっているのかわからないんですが、彼の作品のなかでは一番いいし、バッグンに面白い。

——私もギリアムは好きな監督のひとりなんですが、実のところ『フィッシャー・キング』が一番好きですね。

本郷　やっぱりバランスが取れていると思いません？　物語、セリフ、映像、そして役者と演技。それらがきれいに収まっている。ファンタジーと現実のバランスもいい。聖杯と騎士が出てくると言っても、ロビン・ウィリアムス扮する心を病んだ男の妄想のなかにですからね。ギリアムでもっとも落ち着いた作品かも。

——それはわかります！　私はセリフが大好きでしたね。とりわけビデオ屋のおねえさん、マーセデス・ルールのセリフ。「一緒に暮らしていても遠く離れているふたりもいれば、世界の果てと果てに住んでいても側にいるふたりもいる」云々とか。普通の人が人生の真実を語るような瞬間にヨワいんで（笑）。

本郷　勉強で学び、本で読んだこと、人から聞いたことじゃなくて、自分で見つけた言葉だからですよ。自分自身の経験や、自分が目撃したからこそ生まれた言葉だから説得力があり、本質をついている。何度も観ているんですが、最初に観たときはそれほどピンとこなかったけど、年を取ってからのほうが余計にしみますね。私もやっと、いろんな人の立場がわかるようになったのか、って（笑）。

——私も今回、観直して心にしみまくりました。

本郷　映像もいいですよね。日常にふと非日常が忍び込んでくる感じ。そのバランスも見事。たとえばニューヨークのグランドセントラル・ステーションで突如、ミラーボールが回り、音楽が流れてみんながワルツを踊り始める。脚本ではどういう表現になっていたのかわかりませんが、ギリアムだからこそなんじゃないかと思いましたね。

——私もそう思いました。あとは中華料理屋のシーン！　ブリッジスとルールが、ウィリアムスの恋を手助けしようと、彼が憧れているアマンダ・プラマー扮する女性とのデートをセッティングする。

本郷　あのシーンもきれい。ウィリアムスとプラマーが、テーブルに落としたブロッコリーを箸で転がし合って楽しむ。そのシーンの切り取り方がファンタジーしていて本当に愛おしくなる。ブリッジスがこのふたりをどうにかくっつけようと思う気持ちが伝わってきますよ。本当に役者がみんなハマり役ですよね。頭がおかしくなって浮浪者になった男はウィリアムスしかできないと思ったし、過激で悪者的なところもあるけど、そうはなりきれないいいヤツのDJにはブリッジスしかいない。女優さんふたりも驚くほど適役で、この4人最高じゃないですか？

——素晴らしいですよね。

本郷　この作品は4人がいないと成り立たない。ブリッジスとウィリアムスだけでもダメで、ブリッジスとルール、ウィリアムスとプラマー、この4人、2組のカップルがいないと成立しないストーリー。そういう映画も珍しいし、しかもその4人がすべてハマり役というのもまずない。本当に見事なキャスティングですよね。

——ビデオ屋のおねえさんに扮したルールがアカデミーの助演女優賞を獲得しましたね。

本郷　そうなんだ。私は全員にあげたいくらい。浮浪者たちも含めて。みんな個性的でよかったですよ。

——私は歌う、ゲイの女装した浮浪者のおじさんがよかった。あの人が歌うシーン、もう泣けちゃって。

本郷　あのおじさん、出番は少ないけどインパクトが大きくて、最初に観たときはちょっと引いちゃったんですが、今はいいなって。やはり映画って観る年齢によって、感じ方も観方も違ってくるのが面白いと思いますね。

——確かに！　まるで違うときもありますから。子供のころは最高だと思っていても、今観ると何でこれが好きだったの？　というのもあるし。

本郷　あるある（笑）。

——本郷さん、ほかのギリアム作品はどうですか？

本郷　ほとんど観てるんじゃないかなあ。それこそBOXセットもってるくらいモンティ・パイソンが大好きだったので、そのころから知ってましたし『バンデットQ』（81）や『未来世紀ブラジル』（85）、『バロン』（88）、最近の『テリー・ギリアムのドン・キホーテ』(18)まで観てますね。監督作じゃないけど、彼が出演している映画のメイキングドキュメンタリー、『ロスト・イン・ラ・マンチャ』(01)も観てる。あのドキュメンタリーは、いかに映画製作が大変なのかがわかるのでとても面白い。なかでも『未来世紀ブラジル』はよく憶えている。主人公と女性がデートするシーンがあるんですが、そのときの女性のセリフが「気にしないで、私もあなたのこと嫌いだから」って。上から目線で女性がボソッと言うのが心に残ってるなあ……って、ギリアム映画って意外とセリフがいいのかも。

——でもギリアム、なかなかのトラブルメーカーなので、映画を撮るチャンスをなくしている感じはしますよね。

本郷　『バトル・オブ・ブラジル』(『バトル・オブ・ブラジル:『未来世紀ブラジル』ハリウッドに戦いを挑む』)という『未来世紀ブラジル』のファイナルカット権を巡るノンフィクションを読んでも、彼と組むのは大変なことが伝わってくる。映画作りにすべてを捧げているからこそ、自分の意見を通すためにはバトルする。その本自体は大変面白いし、ギリアムのこだわりや映画愛もわかる。でも、実際に一緒に映画を製作することになったら、かなり大変なおじさんなんだろうなという感じはしましたね。

——そういうこともあるから、なかなか映画を撮るチャンスがないのかもしれないですね。同書にも書かれているリドリー・スコットは、そういうトラブルを避けている感じなので、いまだにメジャーで映画を撮り続けていられるのかもしれない。

本郷　そういうテリー・ギリアムのもっとも元気のあった時代の傑作が『フィッシャー・キング』。面白い映画はみんなに薦めたくなるものだけど、本作はまさにそんな1本ということですね。ぜひとも、みなさんに観てほしいです。

フィッシャー・キング

The Fisher King/1991年/137分/アメリカ
監督/テリー・ギリアム　脚本/リチャード・ラグラヴェネーズ　出演/ロビン・ウィリアムス、ジェフ・ブリッジス、マーセデス・ルール、アマンダ・プラマー

過激な発言で人気のラジオDJジャックはあるとき、常連のファンに殺人を扇動するかのような言葉を浴びせかけ、あろうことかそのファンは実際に無差別殺人を起こしてしまう。それから3年。DJを辞め、ビデオレンタルショップを経営するアンのもとでヒモ生活を送るジャックはひょんなことから浮浪者のバリーと出会う。そのバリーこそ無差別殺人によって妻を殺され、頭がおかしくなった男だった。はからずもジャックは、自分の忘れたい過去と向き合うことになる。本作はアカデミーでロビン・ウィリアムスの主演男優賞、マーセデス・ルールの助演女優賞、脚本賞、美術、作曲の5部門でノミネート。ルールが助演賞に輝いた。ギリアムの映画でこれだけ賞に関わった作品もないかもしれない。

3本目

［アメリカン・ユートピア］

ミニマルなステージが感動的であり衝撃的！

——では本郷さん、3本目をお願いします！

本郷　3本目はデビッド・バーンの『アメリカン・ユートピア』(20)です。そもそも僕はミュージカルを始め音楽系映画が好きなんですよ。この依頼を受けたときは、『ロッキー・ホラー・ショー』(75)にするつもりだったんですが、私がわざわざピックアップすることもないくらい大変有名な映画。だったら、去年公開され、まだ観てない人も多いだろうと思うこちらにしたんです。

——私も今回、初めて観ました……というか、音楽に疎いせいもあってデビッド・バーンは初めて。『アメリカン・ユートピア』は、バーンのニューヨークでのステージを追った音楽ドキュメンタリーで、監督はスパイク・リーですね。

本郷　僕は、彼がトーキング・ヘッズのメンバーだったころも少し聴いていたんですが、そのときに作ったドキュメンタリー『ストップ・メイキング・センス』(84)は本作のあとに観ました。当然というか、やっぱりというか、似た感じでしたけどね。

——たとえ似ていても、こちらのほうがよかったわけですね。

本郷　そうです。予告編を観て無性に観たくなり、コロナ禍で東京の劇場が閉まっていたので埼玉まで足を運んで観た映画。でもその甲斐はあったと思いましたから。ひと言でいっちゃうと、美しく引き算ができているステージであり映画だったという感じ。

――「引き算」というのは、あの何もないステージ？

本郷　そうですね。セットは一切なくて、演奏者も楽器をもち歩いて、いわばチンドン屋スタイル。コスチュームも全員同じグレーのスーツに白いシャツ。足元は全員が裸足。どんどん引き算をしていって、最終的に残ったものでステージを創り上げている。そのミニマリストっぷりが感動的であり衝撃的でもあった。衣装も、こういう場合なら主役のバーンだけ色を変えるとかしそうだけど、全員見事に同じ。

――そうでした！

本郷　アニメの仕事って、足し算する仕事なんです。いろんな要素を足していくことで成り立っている。ところがこの作品は真逆の「引き算」。厳選されたミュージシャンやダンサーがいるからなんでしょうが、照明の切り替えだけで十分ドラマチックになるし、これだけ引きまくっているのに曲ごとにちゃんと違いがある。お金はかけていないいけど工夫はあるから、2時間、〝絵〟をもたせることができる。凄いと思いました。

――デビッド・バーン自身がもう70歳すぎのじいちゃんですよね。じいちゃんだからこそ、考えられた「引き算」なんでしょうか。

本郷　どうなんでしょうね。普通、これくらいの年齢でコンサートとなると「無理」になりそうだけど、「ちょっと待てよ、できる限りコンパクトにまとめればできるのかも」みたいな発想で始めたのかもしれない。それが、エコっぽくも年齢関係っぽくもなってなくて、ちゃんとアーティスティックになっているからかっこいいんですけどね。

――ロンドンとかニューヨークがお似合いの都会っぽいステージですよね。それにしても、デビッド・バーンって凄くないですか？　ずっと絶え間なく歌っているし、動き回っているのに、息切れもしないじゃないですか。一番、驚いたのはその体力ですよ。

本郷　そういう意見が多いのか、自分でも「実際に歌っているよ」と言ってますよね（笑）。涼しい顔でそう言ってしまうデビッド・バーンはもちろんかっこいいんですが、一緒にステージを作っているミユージシャンやダンサーもとてもいい。バーンがひとりひとりを紹介していて、その国籍や人種にも言及していることもあってか、キャラがちゃんと立っている。ひと言で言っちゃえば、魅力的なんです。
あとは歌詞ですよね。不条理というか、わけのわかんないようなタームを続けているような感じだけど、それがまとまると〝アメリカン・ユートピア〟になっている。つまり、めちゃくちゃ皮肉が利いていて、おそらくタイトルロゴの「UTOPIA」の文字が逆さになっているのも、そういう皮肉ですよね、きっと。ダテじゃない。

――でしょうね。バーンって英国人だからか、そういう皮肉がとても英国人っぽい印象でした。

本郷　人種問題やら貧富の差、経済や社会等、問題が山積みだというわけだけど、それを声高に訴えているわけじゃない。〝もう70歳になったオレはそんなことを憂いていて、その気持ちをこういうシンプルなかたちで表現してみました〟みたいな感じかなあ。そもそも、人種問題に関しては、あらゆる国籍・人種を集めていることで、すでに可視化してますからね。そういう想いを共有する仲間と、ステージを観に来てくれた人たちの何人かに届けばいいや、みたいな。そういう大げさじゃないのも凄くいいと思いました。やっぱりかっこいいんですよ、このじいちゃん。だから、僕の〝かっこいいメーター〟にひっかかっちゃった(笑)。

――本郷さんの琴線に触れまくったわけですね。

本郷　そうそう。ほら、冒頭に、「デビッド・バーンです」って自己紹介するじゃないですか。すると当然、会場が拍手と歓喜に包まれるわけですが、本人は「名前を言っただけです」と表情ひとつ変えず言い返す。ああいうのが、めちゃくちゃかっこいい。そこで僕も掴まれちゃったって感じでしたね。

――このステージのバーンって、ほぼ無表情ですよね。汗もかいてない感じ。

本郷　そうなんです。喜怒哀楽を表現してない。ところが、ステージが終わり、楽屋に帰ってきて、みんなが「最高だった!」「やったー!」って叫ぶと、バーンが「もっと褒めて!」って満面の笑みを浮かべて言うじゃないですか。あの落差が素晴らしい。

もうグっときましたよ。しかも、そのあと自転車で帰る（笑）。

——どこまでもミニマルなじいちゃん（笑）。

本郷　狙ったわけじゃないんでしょうが、ちゃんとひとつにパッケージングされている。私は、そんなバーンが考えているその世界にシンパシーを感じたんです。

——監督のスパイク・リーはどうでした？

本郷　彼の映画もわりと観ているけど、好きな監督というわけでもない。今回はバーンに監督を依頼されたようで、職人に徹している感じかな。おそらく人種問題等で共感したからこそ引き受けたんだろうけど、自分の色や個性を押し付けている感じがなくてよかったし、やはりステージの切り取り方や編集が凄く上手いと思いましたね。

たとえばバンドが十字のシェイプを組んだまま歩くシーンも、それを真俯瞰から同じ速度で撮ることで、あたかも彼らが止まっているかのように見えたり。ディテールまでしっかり計算して撮っていた。ステージのシンプルさをちゃんと伝えた上にこだわりも表現している感じなので、バーンとの相性はバツグンによかった。リーの作品としても凄くいいと思いました。

アメリカン・ユートピア

David Byrne's American Utopia/2020年/107分/アメリカ
監督＆共同製作/スパイク・リー　出演＆共同製作/デビッド・バーン　振付/アニー・B・パーソン

元「トーキング・ヘッズ」のフロントマンで、グラミー賞受賞アーティストのデビッド・バーンが2018年に発表したアルバム『アメリカン・ユートピア』を基にしたブロードウェイのステージを、スパイク・リーがドキュメンタリー映画として再構築した作品。さまざまな国籍をもつ11人のミュージシャン＆ダンサーとともに、グレーの揃いのスーツに裸足で登場。配線をなくし、自由自在に動き回る、極限までシンプルでワイルドな舞台構成。マーチングバンド形式による圧倒的な演奏とダンス・パフォーマンスで、トーキング・ヘッズ時代の曲を含め全21曲を披露し、現代の問題に関して問いかける。ピーター・バラカンが日本語字幕監修を担当。

オレの映画3本

『七人の侍』

『夜は短し歩けよ乙女』

『映画はアリスから始まった』

INTERVIEW

009

川崎芳樹

PROFILE

YOSHIKI KAWASAKI

東京都出身。アニメーション監督。
TVアニメ『処刑少女の生きる道（バージンロード）』(22) で初監督を務める。おもな参加作品にTVアニメ『デジモンユニバース アプリモンスターズ』(16－17)、『モンスターハンター ストーリーズ RIDE ON』(16－18)、『本好きの下剋上 司書になるためには手段を選んでいられません』(19－22)、『怪物事変』(21)、『柚木さんちの四兄弟。』(23)、『葬送のフリーレン』(23－24) 等。

1本目 ［七人の侍］

日本甲冑映画の最高峰！

――今回は1回目です。どの作品でしょうか？

川崎　いろいろ考えたんですが、黒澤明の『七人の侍』（54）にしました。ちょっとベタなんですけど、高校時代にわざわざビデオソフトを買っていたりもしたので。

――日本のみならず海外にもファンが多く、黒澤明の最高傑作といわれる作品。この影響を受けたクリエーターは山のようにいます。川崎さんもそのひとりということですね？

川崎　いや、そういう人たちとはちょっと違いますね。実はVHSをわざわざ買ったのは映画そのものに対する興味というより甲冑。甲冑観たさに買ったんです。

――ということは、川崎さんは甲冑ファン？

川崎　そうですね。なぜ好きなのかと聞かれても困るんですけど（笑）、当時はホントに大好きだった。高校時代、スケッチブックをもって国立博物館等に行き、展示されている甲冑を模写してましたからね。まあ、暗い高校時代ですが（笑）。高校時代の僕にとって映画を観る＝甲冑を観るという感じ。だから『ヘンリィ五世』（43）も観たし、エイジェンシュタインの『アレクサンドル・ネフスキー』（38）や『イワン雷帝』の2本（1部は1944年、2部は1946年）も甲冑観たさに観た。この3本は『七人の侍』に負けない最強の甲冑映画です。

——確かに、ローレンス・オリヴィエの『ヘンリィ五世』の甲冑演出は素晴らしいですね。私もこの映画は甲冑が強烈な印象の大好きな1本です。

川崎　甲冑を付けた王様や貴族を馬に乗せるとき、滑車を使うのがめちゃくちゃ新鮮だった。ああいう演出はあまり観たことがない。映画そのものは1943年に作られていて戦意高揚な印象が強いせいか、戦闘シーンもかっこいいので、実は今回もどちらにしようか悩んだくらいで（笑）。でもまあ、『七人の侍』かなあと。

——甲冑ファン的に『七人の侍』は期待に応えてくれる作品だった？

川崎　そうです。デザイナーが江崎孝坪さんという方で、日本画の大家、前田青邨の弟子。この前田青邨の「洞窟の頼朝」という絵があるんですが、ご存じですか？

——いや、すみません、知らないです。

川崎　この絵の甲冑も本当にかっこいいんです。前田青邨は甲冑を描かせると最強の画家なので、その弟子である江崎さんも素晴らしいセンスの持ち主。だから、当時の僕にとって『七人の侍』は、まさに〝念願〟の作品だったわけですが、まったく期待は裏切られなかった。もう、すべてが新しい発見の連続。こんな甲冑もあるのか？　いやいや、こんなまであるって、もう大コーフン。たとえば、三船敏郎の兜は平安時代の星兜をモチーフにし、そこに鎖シコロをつけているように、時代背景となっている戦国時代の甲冑は敢えてなのか使ってないんですよ。平家物語の絵巻等の隅っこに少しだけ出てくるような兜を登場させている。もうひとつ三船敏郎の甲冑を例にあげると、最後の戦いのとき、おでこに付けている半首（はつぶり）、臑当（すねあて）も鎌倉時代のもの。デザイナーの教養やこだわりを感じさせるチョイスなんです。

——実際に存在していた甲冑のレプリカを使っているんですか？

川崎　いや、造形的に多少手を入れていて、そのままというわけじゃない。造形的に面白いデザインになるように各時代のものを組み合わせている感じ。

ウソのつき方が絶妙で、シブくて本当にかっこいい。甲冑を知り尽くしてないとできないデザインばかりなんですよ。

――そういう視点で見たことはなかったですね。

川崎　当たり前ですが、映画やドラマを製作するときは、数を集める必要があるじゃないですか。なのでひとつひとつにこだわることが難しく、足軽は足軽のデザインで画一化されてしまう。でも、『七人の侍』の場合は人数も少ないこともあるんだろうけど、ちゃんとひとりひとりのキャラクターを考えた上でデザインされている。そこが素晴らしいんです。

――黒澤明のそういうこだわりはハンパないでしょうね。『羅生門』(50)も、ストーリーは別に面白いものでもなかったけれど、あの羅生門のデザインは素晴らしいですもんね。

川崎　僕も『羅生門』、高校時代に観ましたが、美術やディテールは凄いけど、ストーリーは別にって感じだった。

――でも、『七人の侍』はストーリーも面白くないですか？　そうじゃないと3時間以上もの上映時間、もちませんよね。

川崎　実は、ストーリーの面白さに気づいたのは最近なんです。「午前十時の映画祭」で初めて劇場の大スクリーンで観たときに、やっとストーリーのよさに気が付いた。そもそもタイトルバックも、初めてそのかっこよさに気づきましたからね。黒地に白抜きで〝七人の侍〟と出るわけだけど、これをビデオやDVD等で観ていると地味な印象。ところが大画面だとハッとする感じでインパクトがあったんです。ちゃんとスクリーンでの鑑賞を考えてデザインされているんだなーって。物語に関してはジーンとしちゃいましたね。農民のしたたかさ、ずる賢さが描かれ、彼らに雇われる侍たちはヒーローとしては描かれていない。志村喬も「出た戦はすべて負けてしまった」みたいなことを言っていて、みんな負け犬度がハンパないんです。そんな負け犬が集まって、また負け犬になるって話、もう中年になった僕には刺さりまくるわけですよ(笑)。おそらくこれは、中年以降じゃないとわからないと思う。まだ未来が輝いているだろうと思っている高校生じゃ無理。負けを経験した大人だからこそ響きまくる物語なんだと思いますね。

――ということは、高校時代は甲冑に目を奪われ、年齢を重ねた現在はその物語が心に刺さったわけですね？

川崎　そうです。それがおそらく、『七人の侍』の普遍性なんじゃないかと。それに、侍も七人いるわけですから、自分を重ねられるキャラクターもいる。

――川崎さんは誰に重ねましたか？

川崎　シチュエーションによって違うんですよ。というのもこの映画、今の僕にとってはフリーのアニメ演出の話にしか見えませんからね。僕らを雇うアニメ制作会社は本作の農民で、彼らに襲い掛かる野武士がいわばアニメの企画。それをどうにか手なずけるというかやっつけるために雇われるのが七人の侍なわけだから、僕たちなんですよ。シチュエーションによって変わるといったのは、監督として参加する場合は志村喬。彼がメンバーを集めるくだりは、まさに自分が初監督担当したとき、スタッフを募ったときと同じ。反対に本郷みつる監督作品に演出で参加する場合は、本郷さんが志村喬、僕が加東大介とかね。

――なるほど（笑）！

川崎　アニメの監督をやっても、結局は雇われ仕事の場合が多いので、その間だけお金がもらえて、そのあとに印税なんてありませんからね。そうなると、ますます重なってしまう（笑）。

――まさに人生の縮図的な感じ？

川崎　そうですね。おそらくアニメ業界だけじゃなく、いろんな業界で当てはまるような気がします。

――そういう甲冑へのこだわり、アニメーションで活かしたことはあるんですか？

川崎　いや、ないですね。アニメーションで甲冑を作画するのはかなり大変なんです。それに、そういうディテールにこだわったからといって作品が確実に面白くなるわけでもない。とはいえ、そんな問題があったとしても、やっぱりいつかはやってみたいですね（笑）。

七人の侍

1954年/207分/日本/黒白
監督＆共同脚本/黒澤明　共同脚本/橋本忍、小国英雄　出演/三船敏郎、志村喬、津島恵子、木村功、加東大介、宮口精二、稲葉義男、千秋実

戦国時代末期。ある山間の農村では野武士の襲撃が頻繁に起こり、農民たちは怯える日々を送っていた。そんな彼らが考えた打開策は、食い詰めた侍たちを雇い、野武士を倒してもらうことだった。最強のアクション映画として、映画史にその名を刻んだ黒澤明の傑作。海外でも高い評価を受け、ベスト映画を選ぶ際には必ず上位にランクイン。ハリウッドでは本作を基に、ジョン・スタージェスが『荒野の七人』（60）というウエスタン版をリメイク。その後も、『宇宙の7人』（80）等、多くのリメイク版や亜流作品が作られた。この『荒野の七人』のリメイク版が、アントワーン・フークア監督の『マグニフィセント・セブン』（16）。

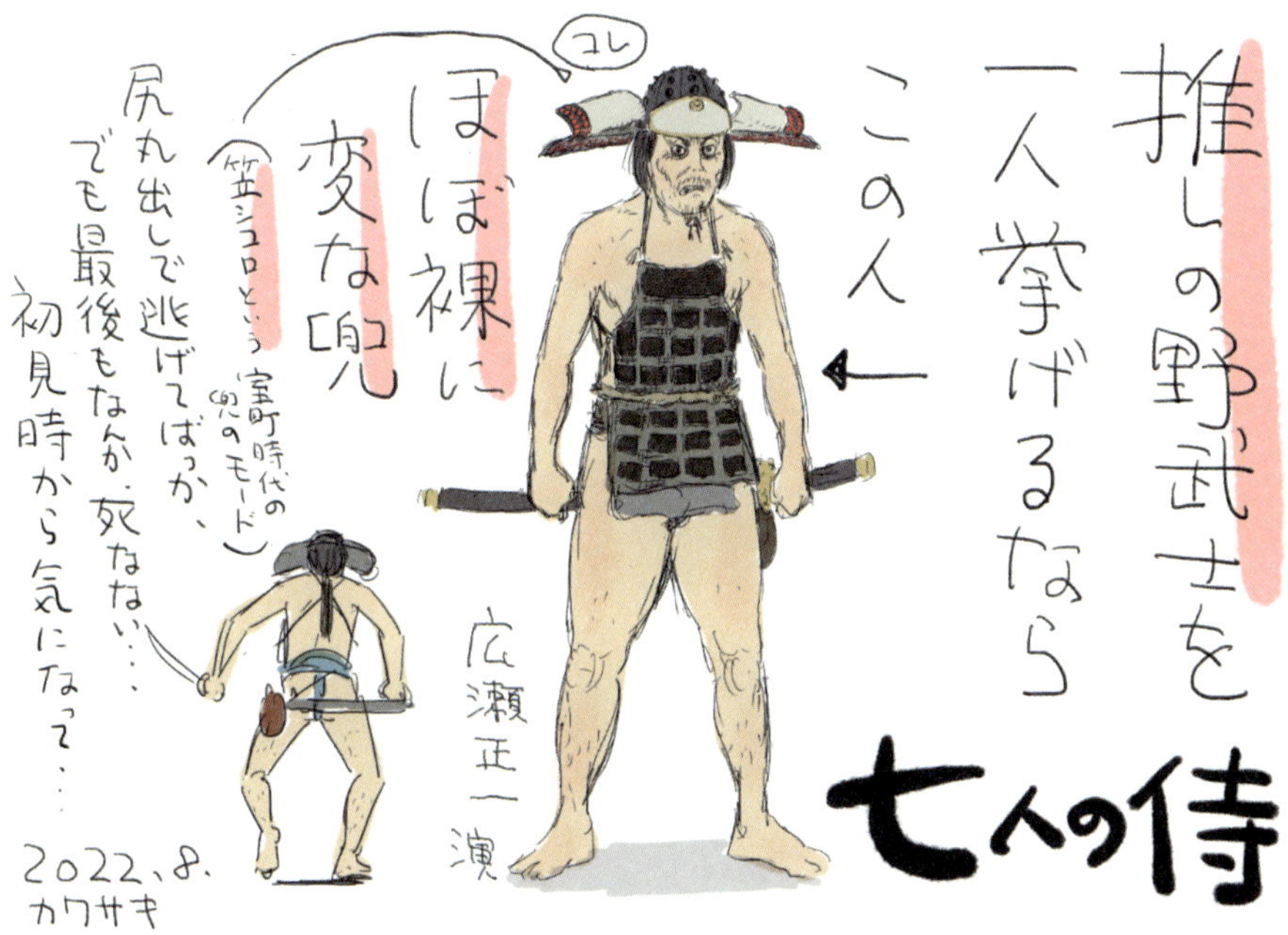

2本目［夜は短し歩けよ乙女］

ハマりまくって〝7度〟劇場に通った湯浅アニメ

——では川崎さん、2本目をお願いします！

川崎　2本目はアニメーション。湯浅政明監督の『夜は短し歩けよ乙女』(17)です。湯浅さんの作品のなかでも一番好きだし、アニメーションで1作選べと言われてもコレ。公開時は7度も劇場に通いました(笑)。

——おお、それは凄い！　海外のアニメを入れてもこれ？

川崎　そうです。湯浅さんの代表作となると、初の長編監督作『マインド・ゲーム』(04)のほうを挙げる人が多いのかもしれないけど、僕はこっちですね。湯浅さんも肩の力が抜けている感じがするし、なぜか自分にとてもヒットしちゃって。もう、この作品があればいいいんじゃね？　というくらいハマってしまった。

——なるほど！

川崎　僕の子供のころは、その辺にアニメがあるのが普通の光景だったから、いつも観ていたし、大好きだった。ジブリの作品も劇場で観ていたけど、なぜかしっくりこなくて。子供時代に大好きだったのは、実は今回入れようか迷ったもう1本のアニメ、『銀河鉄道の夜』(85)だったんです。

——宮沢賢治の同名童話を杉井ギサブローが監督した作品ですね。ジョバンニやカムパネルラらキャラクターがネコになっていて、別役実のミニマムな脚本も素晴らしかった。私も大好きな1本です！

川崎　ジョバンニが本当に寂しそうにトボトボ歩くところや、星まつりの夜、みんなとはぐれて山を歩いていると、カラスの不吉な鳴き声とその大きな影がジョバンニを包み込む。そういう描写が大胆かつ前衛的かつ繊細で、本当に素晴らしかった。

　細野晴臣の音楽もいいですよね。子供時代の1本と言えば、間違いなくこの作品なんですが、大人になってとなると、やはり湯浅さんの『～乙女』になる。

――ということは、もしかして大胆で前衛的なアニメーションがお好き？

川崎　自分の路線は間違いなくそっちですね。実現できているかどうかはさておきですが（笑）。

――『～乙女』も、確かにそっちの路線ですね。

川崎　ストーリーもあるようでないような感じ。森見登美彦の原作があるものの、抽象度が上がっている。観ていると気分が若くなるのは、人生の出会いというか、若々しさが表現されているからなんだろうと思います。

――原作は4つの短編のようですが、湯浅さんは大胆にもそれをひとつにまとめてみせた。そして、ヒロインの「歩く」という行為で話をつないだという感じですね。実際に、歩いているのはタイトルになっている短編だけらしいですけど。

川崎　原作は春夏秋冬の四夜の話。四つの夜を一夜にまとめるという方法論も面白いし大胆。アバンギャルドですよね。一般的な劇場用長編アニメーションというより、アートアニメーション的な手法で長編を作っているような感じがした。そのチャレンジングな姿勢も面白い。それを東宝配給というメジャーでやっちゃうところも大胆ですよ。

　この作品、カナダのオタワ国際アニメーション映画祭の長編部門のグランプリをとったんですが、このフェスティバルはチャレンジングな作品を評価する傾向が強いのでファンとしてはとても嬉しかったですね。

――抽象的なアプローチのほかに、どういうところが川崎さんの琴線に触れたんですか。

川崎　僕が映画やアニメーションに求めるひとつの要素として「ヘンな夢を見たい」というのがある。この作品はまさに、その「ヘンな夢を見た」という感じ。夢と現実の境界線が曖昧になっている感覚がとても上手に表現されていたと思うんですよ。もうひとつは、描かれていることが、人生において大したことじゃないものばかり。普通の映画だと、つい大切な方向に行っちゃう傾向があるんだけど、これは本当にしょうもない要素で終始する。でも、そういうところに一生懸命になるのが人生なんじゃないかと思うんです。

——湯浅さんのお話だと、原作者の森見さんは完成した作品を観て絶句されたようですよ。「どんな作品でも褒めよう！」という覚悟で臨んだのに絶句だったって。

川崎　そうだったんですね（笑）。ほら、7度も劇場に通ったって言ったじゃないですか？　一般の人と一緒に観ると、みんなの反応が気になるんですが、観たあとは、頭に「？」がついてる感じの人が多かったかもしれない。何度目かの劇場では、僕の前の席におじいちゃんと孫みたいな二人組が座ったので、「凄い、こういう人たちにも浸透しているんだ」と期待したんですが、映画が終わるとじいちゃんがしみじみと「わからんかったー」って（笑）。

——ジブリのアニメーションのつもりで行くと、確かに「わからんかったー」になるかもしれないですね。

川崎　やっぱり湯浅さんってストーリーの表現方法が一般とは違うんですよ。違う言い方をすると、何かを描くときのボキャブラリーセンスが違う。その独自の語り口に慣れないと楽しめないのかもしれないですよね。あ、そうだ。大島ミチルさんの音楽も大好きでした。サントラを探したんだけど販売してなかったような記憶があります。

——湯浅さんが本郷さんにバトンを渡し、その次が川崎さん。ちゃんとつながっているんですね。

川崎　湯浅さんの才能はアニメ業界では知られていたんですが、その才能を上手に使ったのが本郷さんだった。本郷さんはそういう意味でも監督の能力に長けている。僕が見習いたい点のひとつです。

夜は短し歩けよ乙女

2017年/93分/日本
監督/湯浅政明　原作/森見登美彦　脚本/上田誠　キャラクター原案/中村佑介　キャラクターデザイン＆総作画監督/伊東伸高
声の出演/星野源、花澤香菜、神谷浩史

同じクラブの後輩、“黒髪の乙女”に恋心を抱き続けている“先輩”。そんなことにまるで気づかない彼女は、自分の好きなように京都の夜を歩き、奇妙な人たちと出会うのだった。森見登美彦原作の『四畳半神話大系』のTVアニメシリーズの監督を務めた湯浅が、そのあとに作った長編劇場アニメーション。脚本はヨーロッパ企画の上田誠。アニメーション制作はサイエンスSARU。『〜神話大系』と被るキャラクターがいて、2本合わせて観るお楽しみもある。でっかい顎が特徴的な樋口師匠は、湯浅監督曰く「原作ファン的にはハンサムなイメージのようなんですよ……」。この辺のズレが湯浅ファン的にはすてきなんですけどね。

3本目

［映画はアリスから始まった］

僕の感動と、アリスの感動はきっと同じはず！

——さてさて川崎さん、今回は3本目です。これで最後になりますが、どの作品でしょうか？

川崎　めちゃくちゃ好きというより、今の自分に重なるということで選びました。『映画はアリスから始まった』(18)というドキュメンタリーです。映画の誕生を実際に目撃したアリス・ギイという女性のドキュメンタリーです。リュミエール兄弟が初めて映画を上映したとき、その内覧試写みたいなのが行われ、そこにのちに映画製作会社になるゴーモン社の社長の秘書として同席した人物です。このときの試写というのは、映画という新しい技術を見せるためのものだったようなんですが、彼女はそのときすでに「ストーリー」を考えていたんですよ。おそらく、そこに同席したほかの男性たちは「技術」としてその映像を見ていたのに、彼女だけは「物語」としての可能性に気づいた。いわば、今の映画の在り方に、いち早く気づいていたわけで、その先見性に驚いたんです。

——そのあと彼女は自分自身で物語としての映画を監督したんですか？

川崎　早い段階から何本もの短編を撮っていて、『キャベツ畑の妖精』等、それこそ1000本以上の作品を監督したようです。社長に「若い女性が何かばかみたいなことを言っているよ。まあ、やってみれば？」くらいの軽い感じで言われ、アリスは実行に移したみたいです。

——行動力があるんですね。

川崎　ドキュメンタリーのなかでも言われているんですが、今のユーチューバーのようなものだったのではないかって。最初はユーチューバーもばかみたいと思われて、冷ややかな視線が注がれていたけど、一部の先見の明のある人は「これで何か新しいことができるのではないか」という可能性に気づいた……ちょっと似ているんですよ。僕がこのドキュメンタリーにグッときたのは、アリスという女性に共感したからなんです。映画が初めて上映された瞬間に立ち会い、そこに映し出された映像に感動したその気持ちに共鳴したんです。というのも僕は、去年の秋くらいから8ミリと16ミリのカメラを買ってフィルムで映像を撮り始めたからなんです。

——趣味で、ということですか？

川崎　そうなんです。ずっと仕事ではデジタルでアニメを作っているんですが、それにちょっと飽きちゃって、ふとフィルムで映像を撮りたくなった。ちょっとだけ原点に戻って、右も左もわからないところから勝手に映像を撮ってみてキャーキャー喜ぶという原体験を、ここにきてもう一度追体験したくなったんです。そのとき僕が味わった気持ちが、もしかしたらアリスが初めて映像を観たときの気持ちに重なるんじゃないかと。で、今日はその16ミリのカメラをもってきたんです。

——わー、この「ジー」という音、懐かしいですね。フィルム用のカメラは回すとこういう音がするんでした（笑）。

川崎　久々に耳にしますよね、この音。イーベイで中古のものを買ったんです。スイスのボレックスというブランドです。僕はこのカメラの前に8ミリをやっていて、ついでに8ミリの映写機も買って映してみたら、脳みそから脳汁がだらりとこぼれるような感じを味わってしまった。本当に映像を観ている、映画を観ているような感覚だったんです。

——それはかなり強烈ですね。

川崎　そうなんです。最近はすべてがデジタル化されていて、モニタであろうが劇場のスクリーンであろうがピクセルの映像。でも、フィルムの映像はそれとはまるで違う。とりわけ自分が撮った映像になると、もう別物です。フィルムでその瞬間を閉じ込め、スクリーンで一気に開放してしまうような感じかなあ。映像のもつ面白さというか魔法をダイレクトに目撃してしまったような感覚で、自分でも驚くほど感銘を受けてしまった（笑）。

――川崎さんがそのとき味わった感動をきっと、130年前のアリス・ギイも味わったに違いない、ということですね。時を経てシンクロしてしまった？

川崎　そうなんです。ただ、僕の場合はこれまで10本ほどの映像を撮っていて、やっとストーリーのあるものを撮ろうかなという感じ。でもアリスの場合は、初めて映画を観たときにすぐ「ストーリー」を考えたんだから凄いんですけどね。先見性のある人は初動が違うって（笑）。

――私はこの映画、フェミニズムっぽいのかと思い込んでたので、ちょっと敬遠していたんですが、そうじゃなかったんですね。

川崎　パンフレットにはそういう傾向の文化人が寄稿しているので、ウリのひとつとしてはあるんだと思います。映画の発展に大きく貢献した女性にもかかわらず、歴史のなかに埋もれた人だったし、彼女自身、1968年まで生きていて、晩年は権利の復権に奔走したようなことも描かれていましたからね。でも、僕の場合は、それはさておきで、彼女が最初に映像を目にしたときの気持ちと共鳴した。そういう新しいものを観て感動し、見よう見まねで映画を作り始める。それって僕が、アニメや映画に感動し、自分で作品を作り始めたときの気持ちと同じなんですよ。

映画はアリスから始まった

Be Natural :The Untold Story of Alice Guy-Blaché/2018年/103分/アメリカ
監督＆製作/パメラ・B・グリーン　出演/アリス・ギイ＝ブラシェ

映画のもつ物語性に最初に気づき、1000本もの短編を撮りつつ映画史から消えてしまったアリス・ギイ。本来ならば、映画の黎明期を支えたリュミエール兄弟やジョルジュ・メリエスと一緒に語られていいはずなのに。そう思った映画人たちが結集して作り上げたドキュメンタリー。68年まで生きていた彼女の肉声インタビューを始め、マーティン・スコセッシ、アニエス・ヴァルダ、パティ・ジェンキンス等、ハリウッドやフランスの映画人の声も収録。ナレーションはジョディ・フォスターが務めた。製作総指揮にはロバート・レッドフォード、フォスター、『PLAYBOY』誌の創刊者であり映画製作者でもあるヒュー・ヘフナーらが名を連ねる。

オレの映画3本

『魔界転生』

『ゾンビ』

『さらば宇宙戦艦ヤマト 愛の戦士たち』

INTERVIEW

010

結城信輝

PROFILE

NOBUTERU YUUKI

1962年12月24日生まれ。東京都出身。アニメーター・漫画家。

おもな参加作品にキャラクターデザインや作画監督等を担当した映画『ファイブスター物語』(89)、OVA『ロードス島戦記』(91)、TVアニメ『天空のエスカフローネ』(96) 等があるほか、『宇宙戦艦ヤマト』リメイクシリーズ全作（『宇宙戦艦ヤマト2199』～『ヤマトよ永遠に REBEL3199』〈12－〉）に携わっており、劇場アニメ作品『ヤマトよ永遠に REBEL3199 第三章 群青のアステロイド』が2025年4月11日より公開となる。

1本目［魔界転生］

絵描きとしてケレン味に感銘を受けた時代劇

——結城さん、まずは1作目をお願いします！

結城　いろいろ考えたんですが『魔界転生』（81）にします。深作欣二と千葉真一による『柳生一族の陰謀』（78）の、いわば続編ですね。

——この作品はジュリーこと沢田研二が天草四郎を演じたことで話題になったと記憶しているんですが、続編だったんですか？

結城　「いわば」続編です。というのも千葉真一が同じく柳生十兵衛を演じているからです。僕が聞きかじった話だと、千葉さんは柳生十兵衛というキャラクターを大変気に入り、深作監督も気に入ったので、もう一度結集して映画を作ろうということになったといわれていた記憶がある。千葉さんはこの前にTVシリーズの『柳生一族の陰謀』（78〜79）でも同じ役を演じているくらいだから、相当気に入っちゃったんですよ、おそらく。

——『柳生一族の陰謀』とはまるで違う作品ですよね。オリジナルはオールスターキャストによる正統派の時代劇という印象です。

結城　三船敏郎から萬屋錦之介、山田五十鈴まで出てますからね。錦之介が柳生但馬守宗矩を演じていて、彼が十兵衛の父親。映画では錦之介の殺陣がめちゃくちゃかっこよかったので続投するかと思ったら、若山富三郎にバトンタッチされていた。TVシリーズの山村聰でもなかったわけだから大丈夫なのかと思っていたら、彼の殺陣も負けず劣らずかっこよくてシビれちゃったんですよ。

――すっごくかっこよかったので驚きました。最小限の動きで敵を倒していく姿が本当にプロっぽい。

結城　宗矩は将軍家の兵法指南役なので上手くなきゃいけない。その点、富三郎はハマり役で、心配することはなかった（笑）。宗矩は正統派の剣士なんですが、その息子の十兵衛はちょっと違っていて半分、忍者みたいな感じ。そういうキャラクターであるところに、千葉真一のアクションスターとしての味が活きているんです。

――私はこの映画、今回初めて観たんですが、天草四郎が歴史上の有名人をリクルートして徳川に復讐しようとする話なんですね。

結城　そうなんです。歴史の教科書には登場するものの王道的な存在じゃない人たち。細川ガラシャや柳生但馬守宗矩、宮本武蔵にお坊さんで槍術家の胤舜、伊賀の霧丸とか。このキャラクターのチョイスも大変面白い。


やっぱり深作監督って『仁義なき戦い』シリーズを始めSF、戦記物も撮っているから、こういう個性的なキャラの立て方が上手いんです。一度は死んだ彼らに天草四郎が「お前の人生、それでよかったのか？　本当はまだやりたいことがあったんじゃないか？」と甘言を囁き、魔界から転生させ、倒幕チームを組織する。柳生宗矩は徳川家のお抱えになり、徳川の世が安泰なことにも満足しているわけだけど「本当にそれでよかったのか？」と囁かれ、息子、十兵衛の剣の才能に嫉妬し、脅威を感じていたことを思い出してしまう。

――調べてみたらガラシャは原作には出ていないみたいですね。

結城　でも、この世界に馴染んでません？

――めちゃくちゃ馴染んでる。しかもエロい！

結城　驚くほどエロいですよ（笑）。文字通り色仕掛けで徳川将軍を骨抜きにして復讐を遂げようとする。ちゃんと脱いでくれるし（笑）。この映画を観たのは確か18歳前後だったので、当時の自分にとっては限りなく刺激的だった（笑）。ただ、今考えると、あの当時って、そういう裸ってわりとTVでも普通じゃなかったですか？　ゴールデンタイムにオンエアしていたドラマ『時間ですよ』は銭湯の話だったので、堺正章のうしろには裸のおねえさんたちが普通に歩いていた。

——そうでしたね。『11PM』とか毎日、裸のおねえさんばかり出ていた。今の放送コードからは考えられない大らかさ。

結城　TVでそうだったから、映画はもっと大胆になるのは当然ですよね。

——『柳生一族の陰謀』のTVシリーズはどうだったんですか？

結城　映画と同じタイトルなんですけど、別に宗矩が陰謀を企てるわけじゃない。徳川幕府vs公家組織という感じで、暗躍するのは烏丸少将。映画よりも細かいエピソードを拾っているし、もっと人物を深掘りしているため、十兵衛のキャラクターの深みを表現できていましたね。そのシリーズが終わり、もうちょっと十兵衛を観たいなと思ったころに『魔界転生』が公開されたんだと思います。予告編やTVのスポットで使われていたのは、十兵衛が耳なし芳一のように梵字を書いた顔で登場するシーン。しかも剣を構えた背景は業火じゃないですか。まさに「キター！」って感じで大興奮（笑）。

——本編でも、あの梵字のシーンはかっこいいですね。

結城　しかも、もうひとりのキャラクターがお化粧した沢田研二だし、ケレン味だけで作ったような映画。僕は絵描きとして、そのケレン味にとても感銘を受けたんだと思います。違う言い方をするとハッタリの利かせ方を教えてもらった。そのころ描いていた『ヴェルバーサーガ』という漫画にはその影響がある。

——アニメーターとしても影響を受けたんですか？

結城　アニメーターとして作品に参加したとき、演出さんから「このシーンは必要以上に大げさに描いてください」なんて注文を出されると、まず頭に浮かぶのはあの梵字が書かれた十兵衛の顔だったりするんです（笑）。

——それはすてきですね。ところで、結城さんはそもそも時代劇のファンなんですか？

結城　いや、そうは言えないと思いますよ。ただ、あの時代は普通にＴＶでオンエアされていたので観ていましたけど。『暴れん坊将軍』とか『遠山の金さん』とか、『桃太郎侍』というのもあった。今どきの人もタイトルだけは聞いたことがあるような作品がオンエアされていた時代という感じですよね。僕が好きだったのは、そういう正統派じゃなくて、『木枯し紋次郎』や『子連れ狼』のアウトロー的なほう。そういう時代劇がかっこいいと思っていたので『魔界転生』になってしまうのかもしれない。

――いわば時代劇のニューシネマって感じですね。

結城　そうなるのかな。もしかしたら深作監督と千葉真一も、そういうニューシネマ的時代劇、新しいアウトロー的なヒーローを描きたかったのかもしれない。

――そういう感じ、伝わりますよね。

結城　もうひとつ、僕がこの作品に思い入れが強い理由は、永井豪さんのアシスタント石川賢さんがコミカライズしているところにもある。やはり、僕の世代にとって永井さんも石川さんもスペシャル。彼らの漫画で育ちましたから。石川さんの迫力の出し方やケレン味には大きな刺激も影響も受けている。そういう意味もあって、やっぱり『魔界転生』なんです。

魔界転生

1981年/122分/日本
監督/深作欣二　原作/山田風太郎　製作/角川春樹　出演/千葉真一、沢田研二、佳那晃子、緒形拳、真田広之、若山富三郎

島原の乱でキリシタンとともに非業の死を遂げた天草四郎時貞。だが、甦った四郎は徳川幕府に復讐すべく仲間を集める。それは、同じように非業の死を遂げた細川ガラシャ、柳生但馬守宗矩、宮本武蔵、宝蔵院胤舜、伊賀の霧丸の5人。彼らの前に立ちはだかるのは宗矩の息子で剣の達人、柳生十兵衛光厳だった。『柳生一族の陰謀』(78)に続く千葉真一＝柳生十兵衛を主人公にした異色時代劇。監督も同じく深作欣二が務めた。企画を東映にもち込んだのは山田風太郎の原作を出版していた角川書店の角川春樹だったという。2003年に窪塚洋介＝天草四郎、佐藤浩市＝柳生十兵衛という布陣でリメイク。監督は平山秀幸。アニメ版は1998年、Vシネ版は1996年に製作されている。

2本目［ゾンビ］

ゾンビは〝現象〟、描くべきは人間の姿！

――結城さん、2本目を挙げていただきます！

結城　2本目は『ゾンビ』（78）です。ジョージ・A・ロメロのゾンビ・シリーズの第2弾。

――結城さんが『ゾンビ』というのはちょっと意外な気もしますが。

結城　実はその昔、ゾンビ漫画を日本を舞台にして描こうと思っていたんです。前回、『魔界転生』で学んだケレン味を『ヴェルバーサーガ』というファンタジー漫画で活かしたと言ったじゃないですか。でもこれ、完結してないんですよ。というのも当時の僕はアニメーターとして角川作品に参加していて、アニメが忙しくなるとそっち優先にされて漫画の連載が中断されていたんです。漫画連載も同じ角川系列だったのでそういう連携プレーをされてしまったというか（苦笑）。ところが、中断が何と5年も続いちゃって、じゃあまた漫画をやろうかということになったとき、『ヴェルバーサーガ』を再起動するのもヘンだろう。読者のほうが驚くよって。で、新しい作品にしようということになり、僕があげたテーマがゾンビものだったんです。

――今こそゾンビ漫画は結構ありそうですが、当時としてはわりと珍しかったのでは？

結城　そうですね。日本を舞台にしたゾンビものは珍しかったかも。今は実写映画にもなった『アイアムアヒーロー』等がありますよね。僕としては、本格的にゾンビものを描きたかった。漫画ファンが喜んでくれるような漫画です。だからロケハンもして、かなり力が入っていたんだけど、自分でハードルを上げすぎたのか、結局はかたちにならなかった。

――ということは、そういうきっかけになったのがロメロの『ゾンビ』だったわけですね？

結城　そうなんです。『ゾンビ』は本当に大好きで、3バージョンが入ったBOXセットももっています。『ゾンビ』は公開前にTVで紹介されていて「これ以上は危険すぎてTVで見せられない」と煽りまくられ、「これは相当、凄いんだ」みたいな気持ちになって観たわけですよ。

――言われてみれば、最初のゾンビである『ナイト・オブ・ザ・リビングデッド』(68)はモノクロで、2作目になるこちらはカラーですからグロさが強調されていて当然でしょうね。しかも、そういうゾンビのグレーな特殊メイクはここからトム・サビーニが担当してました。

結城　だから血のりや肉塊が結構リアルで、それが僕的には少しキツいわけですよ。そのとき思ったのが、僕が観たいのはそういうホラー的、スプラッタ的部分ではなく、極限状態に置かれた人間の行動に興味があるんじゃないかって。そもそも僕は『ポセイドン・アドベンチャー』(72)や『タワーリング・インフェルノ』(74)が大好きだったんだし。実は今回だって『ポセイドン・アドベンチャー』にしようかと考えていたくらいなんですよ。

――そうだったんですね。

結城　で、その後、全長版というかディレクターズ・カットが公開されて、「やっぱり僕が観たかったのはこっちだー！」ということになったんです。

――最初に観たバージョンと全長版にはかなり違いがあったんですか。

結城　雰囲気がわりと違っていて、最初の日本公開版はダリオ・アルジェントの監修で、ホラー映画要素が強い感じ。アクションやスプラッタな部分を強調した編集と、音楽もゴブリン中心でノリがいい。

――アルジェントが監修とは知りませんでした！

結城　一番大きな違いは日常シーンがバッサリ切ら

れてて……というのも全長版を観て知ったんですけどね（笑）。全長版のほうは音楽もちょっとのんびりした感じで、最後もショッピングモールに流れる曲がコミカルで心地いいんです。印象としては全長版のほうはモールでの生活シーンがわりと長くて、僕はそういうところが大好きだった。

——『ゾンビ』の名シーンと言えばショッピングモールですよね。『ミスト』（07）やドラマシリーズの『ストレンジャー・シングス　未知の世界』（16〜）等、今でも多くの映画が『ゾンビ』のモールシーンにオマージュを捧げているというか、その影響は計り知れないという感じです。

結城　そうそう。僕もモールのシーンが最高に好きなんです。ゾンビだらけのモールをゾンビ地区、人間地区と棲み分けするところから始まって、そのおかげでひとときの安寧が得られる。洋服、選び放題じゃないかと喜ぶ人もいれば、ゲームコーナーで遊んだりゴルフのまねごとをしたり。メインキャラクターはTV局のカップルとSWATの二人組の4人で、SWATのひとりがカップルのためにレストランで豪華な食事をふるまったりする。SWATのもうひとりはゾンビにかまれてしまい、徐々に弱っていくんだけど、最後の瞬間まで仲間であろうとするんですよ。そういうかつての日常を懐かしく味わっている様子が素晴らしいんですが、アルジェント版はだいぶカットされちゃってる。

——それだと印象が相当変わっちゃいますよね。

結城　そうなんです。ゾンビというのは（『13日の金曜日』シリーズの）ジェイソンや（『エルム街の悪夢』シリーズの）フレディ・クルーガーのようなホラーキャラクターではなく、個人的にはあくまで『現象』だと思っています。世の中を一変させるとてつもない現象であって、実は地震や洪水と同じなんですよ。だから、主人公はゾンビじゃなく、そういう状況に追い込まれた人間。描かなきゃいけないのもゾンビの怖さというより、そのときの人間の行動だと思うんです。

——そうか、「現象」だったんですね！

結城　僕はそう考えていて、たぶんそういう解釈をするクリエーターがいるから『28日後…』（02）みたいな作品が生まれる。監督のダニー・ボイルと脚本のアレックス・ガーランドはこの映画で間違いなく、ゾンビを現象として描いていると思うので、僕はこの映画も大好きなんです。あとは『ミスト』なんかも凄くいいですよね。（フランク・）ダラボンが大好きで、『ウォーキング・デッド』（10〜）を観たときは、さすがダラボンはゾンビとは何ぞやがよーくわかっているなぁって（笑）。いろいろともめた末、ダラボンは2シーズンから降板したらしいんですが、それでも悪くない。ダラボンが作ったスタイルの基本は変わってないので、10シーズンまで楽しく観てます。最新の11は残念ながらまだなんですけどね。

――『ウォーキング・デッド』はスピンオフもたくさんありますよね。

結城　実は1話欠けちゃうと次が観られない性格なんで途中で挫折してるんです（笑）。

――配信だったら大丈夫じゃないですか？

結城　いや、僕は配信では観ないんですよね。ちゃんと録画して観るタイプなので。あるいはソフトを買う。

――それは今どき珍しいのでは？

結城　だって配信っていきなり見れなくなったりするじゃないですか？　それがイヤなんです。そういうことを他人に決められたくない。なるべく自分で決めたいんですよ（笑）。

――結城さん、もしかしてトラウマがあるの？

結城　トラウマっていうと大げさなんですが……たとえば僕が尊敬する永井豪先生の作品で、有名な『デビルマン』とか『バイオレンスジャック』とかのあと、子供向けの雑誌に連載されていた『へんちんポコイダー』という作品なんですが、知ってます？

――いや、知らないですが、凄いタイトルですね。

結城　冴えない小学生がタイトルのヒーローに変身するギャグ漫画なんですが、永井先生のファンなわけだから一応、単行本化されたときは買うんですよ。でも後年、整理をするときに、『デビルマン』等はもちろん名作ですから残したんですが、『へんちんポコイダー』は「まあ、これはいいか（笑）」って感じで捨てちゃった。ところが、『へんちんポコイダー』、久しぶりに読みたいなと思ってもすでに書店にはなく、手に入ったとしてもプレミアがついて凄く高価になってたりで。でも、『デビルマン』は普通の値段で手に入るわけですからね。そういうことがあって、いつでも手に入るとか見られるわけじゃないんだなと痛感したせいか、ちゃんと録画したりソフトを買って保管するのが僕のやり方なんです。

——でもでも結城さん、そうしていたら部屋がトンデモないことになりません？　私も捨てないほうなので、すでにトンデモないことになってますよ。

結城　もちろん、僕もそうですよ。でも、それは仕方ないと思ってます。受け入れなきゃ（笑）！

ゾンビ

Dawn of the Dead/1978年/115分、139分（ディレクターズ・カット版）/アメリカ・イタリア
監督＆脚本/ジョージ・A・ロメロ　特殊メイク/トム・サビーニ　出演/デビッド・エンゲ　ケン・フォリー

突然、死体が甦り人々を襲い始め、フィラデルフィアはゾンビだらけになってしまう。TV局に勤める恋人同士と、彼らの友人のSWAT隊員のふたりは合流し、ショッピングモールに逃げ込む。そんな彼らに襲い掛かったのはゾンビだけでなく、武装した人間たちだった。『ナイト・オブ・ザ・リビングデッド』（68）に続くロメロによるゾンビシリーズ第2弾。原題が『Dawn（夜明け）』となっていることからわかるように、第3弾の原題は『Day of the Dead』（邦題『死霊のえじき』〈85〉）。夜→夜明け→白日という順番になっている。ゾンビの特殊メイクで知られるトム・サビーニがロメロと組むようになったのは『マーティン/呪われた吸血少年』（77）から。『死霊のえじき』（85）等でも組んでいる。

色々なゾンビ達が
居る中でこの人が
やたら目立って
イカしてたり（笑）
D×Dのゾンビは
サバイバー達の生活感と
少しコミカルな
ユーモアが最高。
なんで
エンディングは
やっぱりモールに
流れる明るい
音楽で終って
欲しい派です。

3本目 ［さらば宇宙戦艦ヤマト 愛の戦士たち］

僕の人生を変えてしまった『ヤマト』

――結城さん、ついに3本目です。どんな作品でしょうか？

結城 やっぱりアニメです。「あ、オレ、アニメが好きなんだ」と思わせてくれた作品、『宇宙戦艦ヤマト』シリーズの劇場版2作目『さらば宇宙戦艦ヤマト 愛の戦士たち』（78）です。中坊のくせに1作目も2作目も徹夜で初日初回に並びました（笑）。

――やっぱりというか当然というか、アニメーターの方々には松本零士作品って刺さるんですね。以前、このコーナーに登場いただいた川元利浩さんも『劇場版 銀河鉄道999』（79）を選んでいらっしゃいました。

結城 もし川元さんが挙げられていなかったら『999』にしていたんですけど、じゃあ僕は『ヤマト』という感じで（笑）。『ヤマト』の最初の劇場版『宇宙戦艦ヤマト』（77）はTVシリーズを再編集した総集編なんです。そのTVシリーズの初回の視聴率はいまいちパッとしなかったのに、再放送から火がついて、総集編にもかかわらず邦画の興行を塗り替えるほどの空前の大ヒット。その成功に気をよくしたのか、次の年に全編新作のこの『さらば宇宙戦艦ヤマト』が作られたんです。

――『ヤマト』の大ヒットによって『アニメージュ』も創刊され、大きなブームになりましたね。

結城　『ヤマト』と『アニメージュ』、それがアニメの発火点です。「アニメ」という言葉が市民権をもつようになったのもここからで、それまでは「漫画映画」と言っていたんじゃないかな？

——言われてみれば、東映のアニメも「東映まんがまつり」でしたね。

結城　ＴＶでオンエアされていたアニメも「ＴＶまんが」と呼んでいましたよね。そういう作品が好きな僕たちはアニメという言葉を手にして「そうか、オレたちアニメ・ファンだったんだ」って。

——なるほど、そうだったんですね。

結城　じゃあ、なぜ『ヤマト』が若い世代に響いたかというと、すべてが新しかったから。ストーリーもメカニックも人間ドラマも設定も、すべてが子供だましじゃなく洗練されていた。それまでのアニメはやはり、ほとんどが子供向けだったんですよ。多くがおもちゃを売るために子供が理解できるだろうレベルで作っていたんじゃないかな。ところが『ヤマト』の登場をきっかけに、作り手サイドに「子供のため」という意識がなくなって、彼らがかっこいいと思う作品を作ろうという方向にシフトしていった。観てるほうにも当然、それは伝わってきて「ついて行こう！」と思うようになったんです。そのおかげで作り手たちは自信を手に入れた。「ああ、オレらがかっこいいと思うものを作っていいんだ」みたいな感じ。そういう流れを作ったのが『ヤマト』だったんですよ。そのヒットによって作られた『〜愛の戦士たち』は、ちょうど中二病真っ盛りだった僕たちには特にガツンときましたね。

——やっぱり大人っぽいところ？

結城　イスカンダルという惑星が位置するのは大マゼラン星雲という実在の星雲で、地球から14万8000光年の距離があるんです。これは光の速度で14万8000年かかるということ。その気の遠くなる距離を1年間で往復しなければ人類は滅んでしまうというハードな設定。いかにしてその14万年の壁を破るのか？　ですからね。そういうリアルな設定は初めてだったので、もう僕たちはワクワクが止まらない（笑）。さすがに漫画映画ではそんなリアリティ、ついぞお目にかからなかったんですから。

——当時の結城さんたちのコーフンが伝わってきますね（笑）。

結城　で、そのあとに登場するのが『機動戦士ガンダム』（79〜）。富野（由悠季）さんが「打倒ヤマト」のつもりで作ったって、何かの記事では答えてましたね。『ガンダム』の設定は、月と地球の距離なんです。どれくらいの距離で、どれほどの時間がかかるのか？　富野さんはそこにリアリティをもち込んだ。『ガンダム』でポピュラーになったコロニーも、すべて太陽系に置いていますから。人類が地球だけでは生きづらくなって宇宙に活路を求めるわけなんですが、そうなればきっと、人類は宇宙で戦争をやるだろうと発想したんです。複数あるコロニー同士が手を組んだり、別のコロニーを叩いたり、そういう話を展開した。これにも説得力があった。

——『ヤマト』も『ガンダム』も、今でもたくさんのファンがいるのは、物語と設定にそういうリアリティをもち込んだからなんですか。

結城　そうです。とりわけ『ガンダム』は僕らに対して、宇宙を舞台にしたアニメの面白さを決定づけてくれました。しかも、今でも作り続けられている。続編はもちろん、リメイクもあればスピンオフもありで。そうやって今の世代にもちゃんとアプローチし続けているんです。

——私は『ガンダム』、ちゃんと観てないんですが、スピンオフの『08小隊』（『機動戦士ガンダム　第08MS小隊』〈96〜99〉）は観ていて、これはとても好きでしたね。

結城　あれは『ガンダム』の世界観での局地戦はどうだったんだろう？　というコンセプトで作られたんじゃないかな。宇宙世紀をリアルなものとして捉えているので、「じゃあ、こういう場合はどうだったのか？」という可能性が生まれてくるんです。つまり、そういう新しい視点が生まれるくらい世界観が豊かなんですよ、『ガンダム』は。

——『ヤマト』はどうなんですか？

結城　残念ながら『ヤマト』は最初に感じた手応えにずっと固執し続けた。1年ごとに地球に外宇宙から危機が訪れるのは不自然すぎるのにもかかわらず、

『さらば〜』以降もそれを延々と続けたんです。おそらく、人気キャラクターを老けさせないという方向性を作ってしまったので、毎年、もしくは数年ごとに新たな宇宙人に襲われるという展開にせざるを得なくなった。なので、設定に無理のある続編を作り続けたという感じですね。

——それはファンとしては複雑な心境なのでは？

結城　僕が今回のリメイク（『宇宙戦艦ヤマト２２０２ 愛の戦士たち』〈17〜〉、『宇宙戦艦ヤマト２２０５ 新たなる旅立ち』〈21〜〉）に関わったとき、そういう設定を一新するのはどうかというアイデアも出ていたんです。たとえて言うなら『スター・トレック』シリーズみたいな感じで。『スター・トレック』も常に新しいシリーズが作られて世代を超えてファンがいるので『ヤマト』も、メインのストーリーの前後を描くのはどうかというアイデアですよね。

——ダメだったんですか？

結城　やはり、オリジナルの熱狂的なファンがいるので、彼らからすると「そういうのは『ヤマト』じゃない」になるんです。ファンとしてはその気持ちもわかるんですけどね（笑）。

——結城さんは、同じ松本零士氏の『ハーロック』（『宇宙海賊キャプテンハーロック』）の続編というかリメイク？　もやられていますよね。

結城　やっぱり思春期が松本零士直撃世代なので当然、『ハーロック』に関われるのはとんでもなく嬉しかったです。『ハーロック』は、小松原（一男）さんがキャラデザと作監を担当したＴＶシリーズ（78〜79）が当時から大好きだった。小松原さんの松本キャラの再現としては粗削りなんですが、絵描きとしていろいろなアプローチが見られ、あらゆることを試している。いわばこれがプロトタイプとなって『劇場９９９』で結実したという感じです。

余談ですが『９９９』は、りん（たろう）さんの演出も本当に神がかっていて、原作漫画の長さを感じさせない編集が素晴らしく、テンポがめちゃくちゃいい。これについては長いこと、監修としてクレジットされている市川崑監督がやったからなんじゃないかという話が都市伝説的にあったんだけど、実際にりんさんに聞いてみたら「全部編集はオレだよ」って言ってました（笑）。

――私も、そういう都市伝説を聞いたことあります。じゃあ市川崑はどういう役目を果たしたんですか？

結城　当時はアニメの市民権が確立してなかったし、興行主の人たちは「監督りんたろう」と聞いてもよくわからない。なのでおそらく、市川崑さんのような、ちゃんと名のある監督の名前が欲しかったんだろうって、これはりんさんの推察ですが。確かに興行主でもわかるビッグネームを出せば「市川崑の作品ならうちの劇場でもかけるよ」となりそうじゃないですか？　当時は興行主の力がとても強かったと聞いてますし。

――ということは、そういう話も含め、いろんな意味で松本零士作品、『ヤマト』は結城さんにとってスペシャルなんですね？

結城　そうなります。やはり3本の最後を締めくくるのなら、僕の人生を変えてしまった『ヤマト』しかないんです。

さらば宇宙戦艦ヤマト 愛の戦士たち

1978年/151分/日本
製作総指揮&企画&原案/西崎義展　監督/舛田利雄、松本零士　脚本/舛田利雄、藤川桂介、山本英明

西暦2201年。1年前のガミラスとの戦いから復帰した地球で人々は平和と繁栄に酔いしれていた。が、その一方では、謎の巨大彗星と艦隊が地球へと向かっていた。そんななか、古代進は正体不明のメッセージを受信する。1978年8月5日の夏休み時期に公開され、予想を上回る21億円の配給収入をあげたアニメーション映画の最初の大ヒット作。沢田研二が歌う主題歌も大ヒットした。製作総指揮の西崎義展は当時の記者会見で「『ヤマト』はこれで最後にしたい」と発言し、作品の最後には「もう二度と姿を現すことはない」というテロップが流れるが後日、これを変更し「あなたが生きる限り『ヤマト』も生き続けるでしょう」という文章に差し替えられた。

オレの映画3本

『ターミネーター』

『県警対組織暴力』

『ワイルド・スピード MEGA MAX』

INTERVIEW

011

今石洋之

PROFILE

HIROYUKI IMAISHI

1971年10月4日生まれ。東京都出身。アニメーション監督・アニメーター・脚本家。
多摩美術大学卒業後、ガイナックスに入社。TVアニメ『新世紀エヴァンゲリオン』(95－96) の動画から始まり、TVアニメ『天元突破グレンラガン』(07)、『劇場版 天元突破グレンラガン 紅蓮篇／螺巌篇』(08/09) の監督を務める。2011年には共同でTRIGGERを設立。以降TVアニメ『キルラキル』(13－14)、映画『プロメア』(19)、Netflix『サイバーパンク エッジランナーズ』(22) 等の監督を務める。最新監督作『New PANTY&STOCKING with GARTERBELT』は2025年放送・配信予定。

1本目

［ターミネーター］

アニメより面白いかも？ と初めて思った作品

――今回は1本目です。どの作品でしょうか？

今石　『ターミネーター』(84)です。というのも、この(ジェームズ・)キャメロンの作品を観て本格的に映画に目覚めたんです。そういう意味で1本目にしました。

――『ターミネーター』は1984年の作品ですが、その前にはあまり映画は観てなかったんですか？

今石　いや『スター・ウォーズ』(77)とかはTV放映で観ていたんですが、それほどインパクトはなかった。というのも当時の僕はアニメ至上主義者で、『スター・ウォーズ』を観ても、アニメのほうがいいんじゃない？って。どんな娯楽よりアニメが優れていると思って疑っていなかった時期なんですよ。

――なるほど！

今石　そういう僕が『ターミネーター』を初めて観て、もうびっくり。なんて面白いんだ！　これはもしかしたらアニメより面白いかもしれないってなっちゃったわけです。

――公開時にご覧になったんですか？

今石　いや、これもTVでオンエアしたときです。映画の存在は知っていて、今日TVでやるから観ようという感じだったと思います。

いろいろといい点はあるんですが、そのひとつはちゃんとSFしてしっかりアクションしていたところ。『スター・ウォーズ』もSFではあるけど、あれはスペースオペラ的な匂いのほうが強い。『ブレードランナー』(82)はSFとしては優れているんですが、アクションがほぼない。僕の好きなSF要素とアクション要素、さらにはロボット要素、それがちゃんと含まれていて、しかも大変面白いという映画は僕にとっては『ターミネーター』が初めてだったんです。それまでSF×アクション×ロボットはアニメの専売特許だと決めつけていたところがありましたからね。

――その組み合わせがツボだったんですね。

今石　そうです。しかもターミネーターは、スケルトン状態になったとき、ストップモーションになるじゃないですか？　実写だけどアニメに近い手法を使っている。あれが着ぐるみだったら、「骨」だけじゃなく「肉」が加わってせっかくの設定が死んでしまうし、等身大のアニマトロニクスだけだとアップはいいけど全身の動きは怪しい。あの時代であのデザインのスケルトンのロボットを動かすにはやはりストップモーションしかない。そういう選択を下すキャメロンっていいなあと思ったんです。もちろん、予算の関係もあったんでしょうけど。

――キャメロンはロジャー・コーマンの会社でSFX担当でしたから、そういう知識もちゃんともっていますよね。

今石　そうなんです。そういうこだわりにとてもオタクっぽさを感じてしまう。オタクっぽさでは日本のアニメのほうが濃いと思っていたのに、こういうアメリカ映画があるんだと驚いたんです。

それに、そもそもエンタメとしてめちゃくちゃ面白かった。僕のオタク心を刺激する実写映画はそれまでもあったかもしれないけど、エンタメとしてちゃんと面白いとなると難しいので、やっぱり『ターミネーター』が「目覚めた作品」になっちゃうんです。

――それに、オタクじゃなくても面白いですからね。

今石　そうそう。サラ・コナーとカイル・リースのラブストーリーがあるから。その部分は誰もが共感できますからね。その上でタイムSF、ロボット、アクションがある。

――私はラストが大好きでした。
今石　「嵐が来ると言っています」「知っているわ」でしょ？　サイコーですよ。大きなお腹のサラ・コナーがそう言って向こうを目指して車を走らせるわけだけど、その景色はマット画なんです。キメになるラストシーンをマット画にするというのは、やっぱり自分で特殊効果をやっていたキャメロンならではのチョイス。だって、技術を信じて映画を作っている証明ですよね？　そういうところが嬉しいし、オタクとしてはしびれちゃうんです（笑）。
――あとは、カイルがスーパーでスニーカーを履くシーンで、ちゃんとサイズを合わせているのがキャメロンらしいなって。
今石　あれは『ターミネーター』ファンが大好きなカット。一番新しい『ターミネーター：ニュー・フェイト』（19）でも女性ターミネーターが靴のサイズを確かめていてファンは大喜びでしたよね。
――あのしつこさはどうですか？『ターミネーター』から、しつこい演出はキャメロンのトレードマークみたいになりましたよね。
今石　そのしつこく畳みかける感じが炸裂したとき、僕にとって『ターミネーター』はSFアクションをエンタメとして成立させるための教科書になったんです。『エイリアン2』（86）の最後のパワーローダーのシーンもしつこかったじゃないですか。
――もしかして今石さん、パワーローダーもお好きなのでは？
今石　はい、大好きです。オモチャが出るたびに買っていますね（笑）。
――ターミネーター役のアーノルド・シュワルツェネッガーはいかがでした？
今石　この映画ですっかりファンになって、何本か出演作を観たんですよ。『バトルランナー』（87）とか劇場に行ったんですが「やっぱり違うなあ」って感じで。うすうす感じてはいたんですけどね。監督違うんだからそりゃそうですよね（笑）。
――『ターミネーター2』（91）は？　世間的には『2』のほうが人気が高いようですけど。
今石　いや、映画としてはやっぱり『1』です。『2』は中盤まで、気絶するほど面白かった。このままじャオレ、失禁しちゃうぞっていうくらい（笑）。用水路でのチェイスシーンのあたりです。シュワがバイクを走らせつつ、ショットガンを片手で回しながら撃つ。あまりにかっこよくて、もう涙ぐんでいましたからね（笑）。

――（笑）。にもかかわらず、やはり『1』なんですね。

今石　最後の溶鉱炉のシーンになると「うーん」って感じになってましたね。シュワが正義の味方というか、ジョン・コナーの父親のような役割になっていくのが、なんか優しくなってしまってイマイチに感じたということもあるんですが、それより気になったのは、後半になって「未来は変えられる」という展開になるところ。それが『1』に漂っていた終末観を消してしまった感じだった。『1』は「未来は変えられない。嵐が来ることも知っている。でも、立ち向かわなければ」という力強さにいたく感動したんですが、『2』の力強さはそれとは違っていた。

――わかります！　やっぱり『1』ですよねー。

今石　低予算という宿命をアイデアと知恵でクリアしているところも素晴らしいですよ。制約があるほうが、いい結果が出せるという見本のような映画だと思います。

――自分の作品に影響があるんですか？

今石　常に意識しているわけじゃないけど、絶対に影響は受けていると思いますね。今配信中の『サイバーパンク エッジランナーズ』（22）という作品は海外のゲームのアニメシリーズ化なんですが、僕、これまで原作がある作品はあまりやってないんです。オリジナル中心にやっていて、〝自由過ぎる不自由〟みたいなものを感じていた。もちろん、作り始めるとさまざまな制約は生まれるんですけど、根本のところではキャラクターも自由にできるし、何かに合わせる必要もない。でも、それだと何が面白いのか等が自分のなかでわかりづらくなっちゃうんです。

今回はゲームだったのでコミックほどの制約はないですが、それでも決まった設定等があってダメ出しされたりする。そういうとき、反発心みたいなのが刺激されて「よっしゃ！　この設定のなかで絶対面白いの作ってやる」という気持ちが生まれ、意外ことが起きたりしたんです。制約、あったほうがいいかもとか思っちゃって（笑）。そういうスピリットって『ターミネーター』のときのキャメロンと似ているのかなって思いました。予算や原作の制約のおかげで開かなかった引き出しが開くことってあるのを教えてもらったという感じなのかな。

——それもわかります。ところで今石さん、アニメ至上主義者になったきっかけの作品って何だったんですか？

今石　『ガンダム』（『機動戦士ガンダム』〈79〜〉）です。小学生のときに観てすっかりハマってしまった。それまでは『ウルトラマン』等の怪獣ものとかを普通に観ていたんですが、小学4、5年くらいのときに『ガンダム』の劇場版を観て衝撃を受けてしまったんです。僕だけじゃなく、あれで人生を狂わせた人、結構いますよね（笑）。だから富野（由悠季）さんと日本サンライズが『ガンダム』的なオリジナルロボットアニメを作り続けている間、ずーっと追っかけていたので、実写映画に目覚めるのが遅くなっちゃったんです。

——なるほど！　ということは、あとの2本にも『ガンダム』が関係しているかもしれませんね。楽しみです。

ターミネーター

The Terminator/1984年/108分/アメリカ
監督＆共同脚本/ジェームズ・キャメロン
製作＆共同脚本/ゲイル・アン・ハード　出演/アーノルド・シュワルツェネッガー

現代のロサンゼルス。青白い閃光とともに現れた謎の男。彼はサラ・コナーという女性を探していた。そのころ、同じような閃光に包まれてもうひとりの男が現われた。彼もまたサラ・コナーを探していた。ふたりは何者なのか？　そしてサラ・コナーとは？　ロジャー・コーマンのニューワールド・ピクチャーズでSFXマンとして活躍しつつ、『殺人魚フライングキラー』（81）を初監督し不本意なデビューを飾ったジェームズ・キャメロンは、監督２本目になる『ターミネーター』を、まさに背水の陣で製作。低予算のため舞台を現代のロスに置き、役者も無名を揃えた。が、それが功を奏してスマッシュヒットとなり、キャメロンは注目を浴びることになった。

2本目［県警対組織暴力］

日本の戦後史を、ヤクザを通して描く面白さ

――今石さんの2本目は、ちょっと意外なチョイスですね。

今石　今回は邦画です。深作欣二監督の『県警対組織暴力』（75）を選んでみました。高校のときにキャメロンにハマり、そのあとジョン・ウーも大好きになった。『男たちの挽歌』（86）に夢中になったクチですよ。日本でガンアクションは無理だけど、香港はアリなんだって。そんなことを考えているときに深作と出会ったんです。

――いつごろなんですか？

今石　もう仕事をしてましたね。職場の先輩に深作の『暴走パニック　大激突』（76）というヘンな映画を「君、これきっと好きだよ」という感じで薦められて観たんです。そしたら、案の定、面白かった。まさにタイトルまんまの映画で、暴走してパニックして激突するだけ（笑）。

――それは潔いですね。そこで深作の魅力に気づいたわけですね？

今石　そうです。そこから遡って『仁義なき戦い』シリーズを一通り制覇して、深作は笠原和夫という脚本家と組むといい映画になるということに気づいたんです。『暴走パニック　大激突』は好きなんですが、アクションだけで物語はほぼない。でも、同じ監督なのに『仁義なき戦い』シリーズはちゃんとド

ラマがある。しかも脚本家のテーマを感じることもできる。だから、深作欣二×笠原和夫作品に注目したんです。ふたりのコラボレーションで作られたのが、僕が2本目に挙げる『県警対組織暴力』。『仁義なき戦い』を4本を撮った直後くらいに撮られた、脂がもっとも乗っている時期の作品ですね。

――私も今回、初めて観たんですが、ちょっと切ない話ですね。

今石　ここで『サイバーパンク　エッジランナーズ』(22)の話になるんですが(笑)、終わり方がハッピーエンドじゃないんですよ。これは、ゲーム会社のオーダーだった。「奇跡が起きるようなストーリーにはしないでくれ」って。こういう展開は原作となったゲームに準じていて、ゲームだから複数の終わりがあるにもかかわらず、スカッとするようなエンディングはほぼないんです。どれも大体ダーク。本当にそういうのが好きな人たちが作っているんだなあ、と。

――徹底しているんですね。

今石　そうですね。その徹底をアニメでもやろうと。例えばボスキャラを倒したものの、主人公はハッピーにならなかったとか、サイバーパンクというジャンルならではのビターなエンディングとか。それはそれでSFとしては深いし面白い。日本でアニメをやっていると、そういう要求はまずないですから。はっきりそういう原作がある場合は別ですけど、オリジナルをやっているときには、ビターなエンディングにするには勇気がいる。ビターすぎるとお客さんからもクレームが入ったりしますから。でも、『ターミネーター』が心に残ったのも、ちょっと苦味が残ったからじゃないですか?

――そうですね。私もそこが好きでした。

今石　そういうビターなエンディングを考えたとき、70、80年代のアニメにはいくつかあったんですよ。出﨑(統)さんの『あしたのジョー2』(80~81)とか富野(由悠季)さんの『イデオン』(『伝説巨神イデオン』〈80~81〉)とか。

――時代を考えると、アメリカン・ニューシネマの影響があるんでしょうね。

今石　そうだと思います。2本目を選ぶとき、そういう実写映画があるかなと考えたときに深作×笠原コンビの作品になったんです。深作監督のバッドエンド作品ではもう1本重要な『仁義の墓場』というのがあるんですが、好みで言うと『県警』なので（笑）。で、『県警』の菅原文太のラスト、凄くないですか？

——あれは痛いし切ないですね。ちょっと驚きました。

今石　叩き上げの刑事の末路がアレで、途中から現れたエリート刑事の人生がアレ。エリートたちはあんなことがあっても痛くもかゆくもない。ちゃんと人生が保証されている。でも、下っ端の叩き上げはずっと戦後を引きずり、ヤクザとズブズブじゃないと仕事もできないし生きてもいけない。たとえバッドエンドでも悔いない終わりだったらダラダラ生きるよりいいと思えるけど、それもないですもんね。そういう意味でも、映画のバッドエンドはいろいろと考えさせられるんですよ。

——私は『孤狼の血』（18）を思い出しました。もしかして影響あるんですか？

今石　『孤狼の血』の原作者（柚月裕子）は『仁義』と『県警』の大ファンらしいですよ。とりわけ『県警』、かなり入ってますよね。というのも、『仁義』はヤクザの話が中心で、警察側を主人公にしているのは『県警』ぐらいなんです。

——ヤクザと警察、どちらを演じてもサマになるのは菅原文太くらいだと書いている人がいました。

今石　なるほど。しかも今回は特に「ヤクザみたいな警察」だったから（笑）。

——そうですね。『仁義』じゃなく『県警』を選んだのはバッドエンドがよかったからなんですか。

今石　そうですね。あとはアクションも。深作のガンアクションはどれも、日本人でも銃をもってアクションするというのが意外なかたちで成立している。

彼の映画のなかでは、銃として扱うんじゃなくてドスの延長みたいな感じで使われているんです。日本は銃文化じゃないから、扱い慣れてない感じをちゃんとアクションにも活かしているし、手持ちのカメラで、あたかもドキュメンタリーのように撮っている。ハリウッドや香港は派手なアクションができるのに、日本はどうもそれがダメという印象があった。でも、『仁義』や『県警』はやぶれかぶれのアクションになっていて当時、そこに日本のアクションとしてのリアリティを見たと感じたんです。かっこいい洋画のアクションを真似てないところもいい。

もうひとつは、日本の戦後の歴史としての面白さです。『仁義』シリーズは終戦から始まり、戦争で死にきれなかった若い男たちが組織を作り、それがヤクザになる。日本の戦後史をヤクザを通して描いているのが面白い。歴史を描くわけだからリアルに徹した、いわゆる実録ものになっている。きれいな話はなく、みんな臆病だったり醜かったりするところもちゃんと描いているんです。それまで、ヤクザといえば高倉健の着流しがカッコよかったわけだけど、そのアンチとして生まれたようなシリーズだと思います。健さんのヤクザには美学や仁義があったけど、『仁義』や『県警』のヤクザたちにはない。さらに『県警』では警察目線を入れることで、戦後を生き抜くには汚れたこともせざるを得なかった。でも世の中が平和になってヤクザとの癒着みたいなものをなくしていかなければならない。そんな世の中の流れにはまらなくなっていく自分たちが社会から切り捨てられていく悲しさ、やるせなさが描かれていて、深みがあるんですよね。

——健さんのヤクザには憧れる人がいるでしょうけど、深作のヤクザはあまりいないかもしれませんね。あと、私が驚いたのは女性の扱い方。人格のないモノでした。これ、当時はまったくアリだったんでしょうが、今はめちゃくちゃヤバいですよね。あまりに凄いんで笑っちゃいましたけど。

今石　そうなんですよ。今の女性が観たらショックを受けるかもしれません。当時はセクハラという概念すらなかったと思うので、その部分も歴史的な資料だと思って観て欲しいです（笑）。

県警対組織暴力

1975年/100分/日本
監督/深作欣二　脚本/笠原和夫　音楽/津島利章　出演/菅原文太、松方弘樹、梅宮辰夫、室田日出男、佐野浅夫、山城新伍

昭和38年。西日本の地方都市、倉島市では二組の暴力団、大原組と川手組の抗争が続いていた。暴力団担当の部長刑事、久能はやり手だが、暴力団との癒着も激しいことで知られていた。あるとき、県警本部から海田警部補が派遣された。彼は久能たちに、ヤクザとの癒着を許さない清廉潔白な捜査を強要する。脚本家、笠原和夫は東映の宣伝部から、同社内のシナリオコンクールで1位に入選し、プロの脚本家になった人。中島貞夫監督『日本暗殺秘録』（69）で評価を受け、続く『仁義なき戦い』（73）で監督の深作と共に大ブレイク。その後、東映を退社してフリーとなり『二百三高地』（80）等で日本アカデミー賞優秀脚本賞を受賞した。

3本目［ワイルド・スピード MEGA MAX］

ヴィンが出てれば『ワイスピ』になる！

――さてさて今石さん、ついに3本目です！

今石　3本目は誰もが知っている作品にしました。日本にもファンがたくさんいる『ワイルド・スピード』シリーズの第5作目『ワイルド・スピード MEGA MAX』〈11〉です。ドウェイン・ジョンソンが初めて出演したエピソードかな。

――『ワイルド・スピード』シリーズは、スピンオフを除くとこれまで9本作られていますが、そのなかで本作を選んだ理由は？

今石　この5作目で、シリーズを続けていく上での〝正解〟がやっと出たという感じだったからです。『ワイスピ』シリーズはフランチャイズ作品としてはとても奇妙な成長をしていて、実は1作目（『ワイルド・スピード』〈01〉）がわりと普通（笑）。シリーズ化されるのは、『ターミネーター』を例に挙げるまでもなく、オリジナルの1作目が大ヒットしたり、傑作として認められたりするからじゃないですか？　そうやってシリーズ化してどんどん失速していくというのが普通なのに、このシリーズはむしろ逆。1作目はそこまで面白くもなかったにもかかわらず、なぜか2作目（『ワイルド・スピードX2』〈03〉）が作られ、なんと3作目（『ワイルド・スピードX3 TOKYO DRIFT』〈06〉）まで作られてしまった。僕なんか3作目を観たとき「これはもうダメなのかも」って思いましたから。

——日本が舞台で、すでに珍作の領域に達してましたよね。

今石　そうそう。それにヴィン・ディーゼルも出てなかったから、さすがにこれで終わりだろうと思っていたら、何と4本目の『MAX』（ワイルド・スピード MAX〈09〉）が作られ、ヴィンも出演していた。ここでやっと方向性が見えてきて、5作目で確定した。ほかのフランチャイズものとは逆の進化をしているように感じる。

——確かに！　言われてみればそうですね。

今石　始まりは、車好きな不良たちの話だったのに『5』作目から活躍がインターナショナルになり、ヴィンたちチームは世界をまたにかける義賊的な立ち位置になった。アメリカを離れブラジルで、自分たちより悪いヤツから大金を盗む話ですからね。それを成功させるためには『早い車が必要』という理屈になっているけど、本当に必要なのかはよくわからないところも良い（笑）。

——その車も当初は三菱ランサーとかの大衆車だったのに、活躍がインターナショナルになってポルシェとかの高級車になりましたよね。

今石　どうやったら客に受けるのかを試行錯誤し続けているシリーズなんですよ、きっと。普通、そういう試行錯誤する時間は与えられないと思うんですが、なぜかこのシリーズには与えられた。そして『5』以降、どんどんエスカレートして『9』（『ワイルド・スピード／ジェットブレイク』〈21〉）では車に乗ったまま宇宙にまで行ってしまった。すでにSFの領域。僕はいっそ、月面でカーチェイスしてくれたらいいのに、と思ってましたからね（笑）。

——わかります（笑）。

今石　『ターミネーター』のような作品は1作目が強烈なので基本理念を変えるのは難しい。当然、反発するファンが出てきますからね。でも、『ワイスピ』にはそれがない。1作目のハードルが低いので基本理念を変えても何の問題もない。ヴィンが出てれば『ワイスピ』になるんです。ロスの隅っこで不良たちと違法レースしていた不良がいつのまにか世界を救う義賊になったなんてヘンだ、なんて文句を言うファンはいないですよ。

そういうシリーズもある意味、気楽でいいなあって。カーチェイス等のアクションを考えるのは大変だろうけど。

——毎回バージョンアップしなきゃいけないですからね。カーアクションもお好きだったんですか？

今石　それに関してはマイケル・ベイの存在がある（笑）。というのも『ワイスピ4』と『5』のあたりってちょうど、ベイが『トランスフォーマー』シリーズ（07〜）を始めた時期に重なるんです。僕はその前のベイの作品『バッドボーイズ2バッド』（03）のカーアクションが大好きだった。

——もしかして、後ろの車を遮るために死体を次々と落とすアレですか？

今石　そうそう（笑）。あの不埒なカーアクション。悪趣味極まりないんですが、カメラのポジションの選び方とか、実はかなり凄いんですよ。めちゃくちゃかっこいいショットが多く、しかも苦労して撮ったに違いないショットを数秒しか使わないという贅沢さ。とにかくアクションの見せ方がハンパなくかっこよくて、悪趣味極まりないけど大好きだったんです。『バッドボーイズ2バッド』を観たとき「凄いなー。こんなアクション撮っちゃうんだ。しかもこんなにお金かけて。内容は全然ないのに、本当に凄いなー」って（笑）［注：褒めてます］。

——内容ないって、まあ、そうですけど（笑）。

今石　お金をかけまくった『あぶない刑事』じゃないですか。お金かけまくっているのに内容ないというところは『ワイスピ』も同じなんですけどね（笑）［注：とても褒めています］。

——いや、まあ、そうですが（笑）。

今石　で、ベイはそのあと『トランスフォーマー』に移行しちゃって、CGを絡めたスケール感の大きいカーアクションを撮ることになった。だから僕が『ワイスピ4』と『5』を観たときのもうひとつの感想は「あれ？　これって『バッドボーイズ2』の続き？」だったんですよ。もしベイが『トランスフォーマー』を撮らなかったら、こういうカーアクションを撮り続けていたのでは？　というような流れを勝手に感じてたんです。

――なるほど！

今石　ベイのカーアクションと同じように『ワイスピ』もデジタルは極力使ってないでしょ？　実際にスタントマンが車をかっ飛ばしたりぶっ潰したりしている。ホンモノだからこその緊張感もウリのひとつになってますよね。

――だからなのか、このシリーズの最後にかならず「プロがやっているアクションなので、絶対に素人は真似するな」的なテロップが流れます。

今石　そうそう。メイキングを観ると、本当にやってますから。

――『ワイスピ』には高級車が多数出てきますが、車にも興味があるんですか？

今石　いや、まるでないです。車の免許ももってないし、車種も全然わかりません。実際の車には何の興味もない（笑）。僕にとって車ってやっぱりロボットの代わりなんですよ。アムロがガンダムに乗ることと、ヴィンが車に乗るのは、僕にとって同じ意味。実写映画でもガンアクションをやっているときの銃はロボットの代わり。いわゆる身体拡張という考え方なんです。マシンに乗ることによって、自分の身体や能力が大きくなった感覚ですよね。そもそもガンダム自体が武器で、さらにでっかい銃をもって闘っている。身体拡張して闘うというのはいかにもマッチョな考え方かもしれないですけどね。

――今石さんの場合、やっぱりロボットが重要なんですね。

今石　すべてをロボットアニメに紐づけると納得ができる。偏った思考なんですが、僕の場合はそういう快楽に結びついているんだと思うんです。ロボットアニメが好きすぎるんですよ（笑）。でも、ロボットって存在をリアルに考察すると、そもそもヒト型である必要はあるのかなって考えますよね。

――好きなロボットとなると、やはりヒト型になりますね。私の場合は『禁断の惑星』（56）に登場したロビー・ザ・ロボットとか。

今石　そうなんですよ。『ガンダム』の場合も、ちゃんとヒト型じゃないとダメという設定を作っている。そこには、オモチャを売らなきゃいけないという使命もあったとはいえ、やっぱりヒト型だからこそ僕たちも思い入れができたんだと思いますね。

——確かに！　ロボットには思い入れできてもコンピュータには難しいですね。（『2001年宇宙の旅』の）HAL9000には憧れないかな。

今石　やっぱりヒト型だから憧れるんです。日本のロボットアニメのロボットはマシンである前にキャラクター。そのためにはやはりヒト型じゃないといけない。そういう感覚はハリウッドにはないですよね？

——ないですね。いくらギレルモ・デル・トロが日本のロボットアニメを好きで『パシフィック・リム』（13）を作ったといっても、あの映画のイェーガーはマシンでした。

今石　そう、キャラクターじゃないんです。日本のアニメだとミエを切ったりするシーンに尺を使うんですが、向こうはそれがない。『トランスフォーマー』にもなかった。

——お国柄なんですかね。

今石　リアルタイムで触れたわけではないんですが、ジェリー・アンダーソンの『サンダーバード』（65〜66）を観たとき、一番驚いたのはメカに対するこだわりだった。それぞれのメカにリアルな使用感が演出されていて、使い込んだマシンという感覚がハンパなかった。そういうのを観ると、彼らはマシンとして愛しているんだなって。自分が慈しんで愛する、あくまで機械として扱っているんですよ。彼らはそういうメカとしてのディテールにこだわり、日本は相棒というか、思い入れとか、情のほうに行くのではないかと。そういうのはお国柄であり国民性なのかもしれないですね。

ワイルド・スピード MEGA MAX

Fast Five/2011年/130分/アメリカ
監督/ジャスティン・リン　脚本/クリス・モーガン　出演/ヴィン・ディーゼル、ポール・ウォーカー、ドウェイン・ジョンソン

仲間の手引きにより投獄を免れ、ブラジルのリオデジャネイロに逃亡したドミニク。相棒のブライアンと妹のミアの間に子供が生まれるというので、最後の仕事として現地の実力者の闇金１億ドルを盗もうと画策する。そんな彼らの前にアメリカ外交保安局の捜査官が現われる。『ワイスピ』シリーズの第５弾。本作から舞台はインターナショナルになり、米国の保安局を手伝ったりして義賊的な立ち位置に。ドウェイン・ジョンソンのシリーズ参入が注目されたが、ヴィン・ディーゼルとの相性は最悪だったらしく、ジョンソンはジェイソン・ステイサムと一緒に『ワイルド・スピード／スーパーコンボ』（19）に出演。スピンオフに活躍の場を移している。

オレの映画3本

『チャイニーズ・オデッセイ』

『ジョーズ』

『ロッキー』

INTERVIEW

012

馬越嘉彦

PROFILE

YOSHIHIKO UMAKOSHI

1968年7月30日生まれ。愛媛県出身。アニメーター。
おもな参加作品に、キャラクターデザインや作画監督等を担当したTVアニメ『ママレード・ボーイ』(94－95)、『花より男子』(96－97)、『剣風伝奇ベルセルク』(97－98)、『おジャ魔女どれみ』シリーズ（99－03)、『ジパング』(04－05)、『蟲師』(05－06)、『キャシャーン Sins』(08－09)、『ハートキャッチプリキュア！』(10－11)、『僕のヒーローアカデミア』(16－24）等。

1本目

［チャイニーズ・オデッセイ］

珍作？と思いきや、最後に泣かされちゃう1本

――1本目はさすが馬越さん的な作品ですね。

馬越　ほかの人はまず選ばないだろうから、そう言われるとそうなのかもしれませんね（笑）。チャウ・シンチーが主演した『チャイニーズ・オデッセイ』シリーズです。監督はジェフ・ラウ。チャウ・シンチーは主演と製作総指揮を務めている。いや、本当に酷い映画です（笑）。

――『Part1 月光の恋』、『Part2 永遠の恋』（ともに95年）の2部作構成になっている作品です。調べてみたら香港では1カ月空けて『Part2』が公開されたようですね。

馬越　今回、僕が選んだ3本の基準は「ふっと思い出したように何度も観ている作品」です。3本ともBDをもっていて……あ、『～オデッセイ』はDVDだけだった。それも最初のころのCDと同じサイズのバージョン。それから新しいのはリリースされてないんじゃないかなあ。まあ、それもわかりますが（笑）。

――私も今回、初めて観たんですが、本当に懐かしい香港映画でした。

馬越　Netflixで観たんでしょ？　僕が『～オデッセイ』ファンだと知っている友人からNetflixで配信されていると聞いて驚愕したんです。何を考えているんだ、Netflixはって（笑）。

——確かに、今観ると珍作ですが、当時の香港映画はあんな感じだったような気もします。
馬越　そうなんですよ。すっごくテキトーな感じで作っている。いかにものワイヤーワークでびゅんびゅん空を飛んで、洗練とは無縁の世界。ストーリーもわかりづらく、1作目と2作目、キャラクターは同じにもかかわらず、演じている女優さんが違うこともあって、ますます混乱してしまう。でも、そういうこともお構いなし。
——一応、孫悟空のお話で、チャウ・シンチーが記憶をなくし、今は盗賊のボスをやっている孫悟空を演じてます。馬越さん的には孫悟空というのもツボだったんですか？
馬越　子供のころ、堺正章が孫悟空を演じていたTVシリーズの『西遊記』（78〜80）が大好きだったんです。だから、観ようと思ったのは、チャウ・シンチーの『西遊記』ってどんな作品なんだろうというのもあったんだと思います。みんなが知っている物語とはまるで違いますけどね（笑）。三蔵法師もTV版の夏目雅子は本当に美しくて見事なキャスティングだったけど、こっちの三蔵法師は限りなく俗っぽく、演じているのは『食神』（96）にも出ていたおっさん（ロー・カーイン）です。でも、そういうところも大好きなんです（笑）。
——なるほど。
馬越　それにチャウ・シンチーの演技って、『マスク』（94）のジム・キャリーっぽくなかったですか？　演技や顔芸、喋り方がとても似ていて、おそらくパクったんだろうって思ったんですが。その後の『少林サッカー』（01／監督・脚本・主演：チャウ・シンチー）だって、どう見ても『ONE PIECE』のパクりですよね？　ルフィの伸びる身体という特性をスポーツに流用したら面白いだろうというところから始まっているんじゃないかと勝手に思っているんですが。
——馬越さん！　それ正しいかもですよ。それぞれ年代的にパクる余裕がありそうです！
馬越　やっぱり（笑）。そういうのってきっと、面白いからやっちゃおうというノリで、うしろめたさとかまるでないんだと思います。だから、ごまかすことなく正々堂々とやっちゃっているのが無邪気で大好きなんですよ。もうひとつは物語。最初のほうは、くっだらないことやってるなーという感じで笑って観ているんだけど、最後の最後になってグっときてしまう。本シリーズだけじゃなく、彼が演技はナシで監督をやった『西遊記～はじまりのはじまり～』(13)もそうだったし『少林サッカー』もそう。また泣かされてしまったって感じで(笑)。

——そう言われてみれば『～オデッセイ』の最後、切ない感じでしたね。最初のノー天気さというかテキトーさからは、想像できないかもしれない。

馬越　そうなんですよ。僕はそういうのにヨワい(笑)。今回、ジャッキー・チェンじゃなくてチャウ・シンチーを選んだ理由もそこにあるんです。

——馬越さんは香港映画が大好きですが、そのきっかけは何だったんですか？

馬越　やっぱりジャッキー・チェンの映画かな。中学生のとき『プロジェクトA』(83)を観て、ジャッキーに夢中になったんです。ジャッキーの映画、いつもワクワクドキドキしながら観てました。もちろん、最後のNG集も込みで。ジャッキーが年をとってきてからは、もうハラハラしちゃって「死なないでくれー」という感じになっていました。今考えると、ジャッキー、よく死ななかったなあって。でも、トム・クルーズって60歳になってもやっているというか、年をとるごとにアクションが激しくなっている感じ。今、香港アクションをやっているのってトムくらいじゃないですか？　今さらジャッキーの真似っこしているなって(笑)。

——おっしゃる通りですよ、馬越さん！

馬越　中国に返還されてからの香港映画って元気なくなっちゃいましたからね。それにほら、ウォン・カーウァイ等が映画を撮るようになって香港映画も洗練されていったじゃないですか？　僕はそういう類は全然観てないんです。ジョン・ウーやツイ・ハークはもちろん観てますけどね。それに、今でも香港映画は吹替版で観てますから。渡辺さんがNetflixで観たのは広東語版でしょ？

——そうでした。吹替版はなかったと思いますよ。

馬越　オレらが観る香港映画は全部、吹替版。ジャッキーだって石丸（博也）さんの声じゃないといけない。ホンモノのジャッキーの声だと、「あれ？」って感じになっちゃう。ジャッキーの初期の作品、『スネーキーモンキー 蛇拳』や『ドランクモンキー 酔拳』（ともに78年）等は音楽も日本で入れてましたからね。香港仕様だと音楽が京劇っぽくなって、ちょっと印象が違っちゃうんです。オレらはそっちで育っちゃったから。だから、『〜オデッセイ』もできたら吹替版で観て欲しいんですけどね（笑）。

チャイニーズ・オデッセイ
Part1 月光の恋／Part2 永遠の恋

西遊記1.第壹佰零壹回月光寶盒/1995年/88分/香港
西遊記2.大結局之仙履奇縁/1995年/100分/香港
監督/ジェフ・ラウ　出演/チャウ・シンチー、カレン・モク、ナム・キッイン、ン・マンタ

牛魔王と共謀して三蔵法師の殺害を企てたことが観音菩薩にバレ、処刑されそうになる孫悟空。そんな彼を救ったのは三蔵法師その人だった。それから500年後。山賊の首領チンポウの前に孫悟空を探す妖怪姉妹が現われて……。主演のチャウ・シンチーは『ゴッド・ギャンブラー』シリーズ（90〜91）で、日本でも知られるようになった香港の映画人。役者はもちろん監督業もこなし、代表作に『少林サッカー』（01）、『カンフーハッスル』（04）等がある。

2本目［ジョーズ］

『ジョーズ』の怖さはホラー映画の領域！

——2本目は、誰もが大好きな作品ですね！

馬越　はい、スティーブン・スピルバーグの『ジョーズ』(75)です。王道中の王道、みんなが観ている映画……だと思っていたら、今どきの若者は、タイトルは知っているけど観たことはないという人が多くて意外でした。

——それは私も意外です。

馬越　僕たちは『スター・ウォーズ』(77)も当然、みんな観てると思ってるじゃないですか？　でも、そうじゃないってことなんですよ。とはいえ、考えてみたら、50年代や60年代映画の傑作やスタンダードといわれる作品、僕たちが観ているかといえばそうでもない。だから、今どきの若者のこと、言えないのかもなーって。

——『アラビアのロレンス』(62)や『ベン・ハー』(59)、タイトルは知っているけどちゃんと観てないという同世代の人、確かにたくさんいそうですね。

馬越　そうなんですよ。次にお話しする3本目の作品もそんな感じなんですけどね。

——『ジョーズ』は封切りのときにご覧になったんですか？

馬越　いや、最初はTVだったと思います。いやあ、もう初っ端からメチャクチャ怖くて。有名なジョン・ウィリアムズの音楽が、その恐怖感をこれでもかと煽りまくって、僕にとってはもうホラー映画の領域。普通に考えれば、別に海に入らなきゃいい。にもかかわらずめちゃくちゃ怖いと感じさせるんだから凄いですよ。しかも、この『ジョーズ』のあと、サメ映画がたくさん作られるようになって、いつの間にかジャンルになったほど。いまだにサメ映画、作られているから、その影響力はハンパないですよ。それにしてもアメリカ人って、ゾンビとサメ、大好きなんだなって（笑）。

――わかります！

馬越　『ジョーズ』の、あの目に見えない水面下の恐怖。冒頭なんて夜の海だから、その怖さが倍増する。海中に巨大なサメがいたらどうなるんだ⁉　という恐怖がとても上手に表現されていた。サメの専門家だというフーパー（リチャード・ドレイファス）が警察署長のブロディ（ロイ・シャイダー）に「死体を見せてくれ」と頼むと、ちょっと大きめのバケツに身体が収まっている。それだけで、人間をそれくらい食っちゃうヤツだってことがわかってぞっとするんですよ。スピルバーグ、上手いなーって。

――で、フーパーが腕をもち上げると、肘から下が食いちぎられている。そこでまたびっくりする。二段構えになっている。

馬越　あとはサメ退治のため、クイント（ロバート・ショウ）の船で3人が出港して、サメに樽を打ち込むエピソード。クイントが「普通は1個打ち込んだだけで潜水できないのに！」と驚くんだけど、彼らが対峙しなきゃいけないサメがいかに大きくて力があるのかが、ちゃんと映像でわかるようになっている。それに僕は、そこでかかる軽快なマーチっぽい曲が大好きで、勝手に「樽のテーマ」と呼んでいるんですが、この曲と相まってとてもワクワクドキドキしてしまうんですよ。

――噂のサメがすぐ出てこないのも上手いですよね。

馬越　最初に出てくるのはブロディがブツブツ言いながら撒き餌をしているときですよね、確か。どれだけドラマチックに出てくるのかと思ってたら「ひょい」って感じで顔を出し、サメの大きさに言葉を失くしたブロディが「船が小さすぎる」と呟く。それにクイントとフーパーでサメの大きさが違うんですよ。6メートルと言ったり8メートルと言ったり。だから僕は「じゃあ7メートルくらい？」って(笑)。

——3人で船に乗り込んでからの展開は笑いもあっていいですよね。

馬越　警察署長として指導権を握っていたブロディが、海に出た途端に小僧扱いで、いじられ役に転落するのが楽しい。食事しながらクイントとフーパーがサメと闘ったキズ自慢を始めるんだけど、それに参加できないブロディは自分の腹のキズ、おそらく盲腸の跡らしきキズをチラリと見るのもいい。ここも笑えるシーンで好きですね。このキズ自慢のあとチームワークが生まれるという流れも説得力があった。

——『ジョーズ』を観てスピルバーグファンに？

馬越　なりましたね。やっぱり彼の映画なら観ようかという気持ちになるから。『ジュラシック・パーク』(93)や『シンドラーのリスト』(93)、『プライベート・ライアン』(98)等、大好きですよ。そういうのは劇場で観た記憶がありますね。

——『ジョーズ』はTVでご覧になったあとはDVDやBDで繰り返し観ているんですか？

馬越　そうです。バージョン違いでいくつかもってます。というのも僕、吹替版が大好きなんです。DVDがリリースされたときにまず購入するんですが、そのあと、字幕版に水曜ロードショー吹替版が収録されたバージョンが出ると買ったし、ことあるごとに買っているので何枚もソフトがある(笑)。

——馬越さん、『チャイニーズ・オデッセイ』のときも吹替版で楽しんでいるとおっしゃってましたね。

馬越　『ジョーズ』の水曜ロードショー版の吹替、最高にいいですよ。ブロディが滝田裕介でクイントが北村和夫、フーパーが樋浦勉。この3人は素晴らしかった。何せキャラクターがおっさんばかりだったから、人気のアイドルやタレントが入り込む隙間がない。『バック・トゥ・ザ・フューチャー』(85)のオンエア時の吹替は〝Wゆうじ〟という触れ込みで織田裕二と三宅裕司がマーティとドクを当てていて、悲惨な結果になってましたからね。

——『スター・ウォーズ4 新たなる希望』(77)が初めてTVでオンエアされたときも日テレがお祭り

騒ぎして、声優はルークが渡辺徹、ハン・ソロが松崎しげる、レイアは大場久美子という謎のキャスティングでしたからねえ。

馬越　吹替は常に危険が伴うんですが、上手くハマれば、また違ったお楽しみをくれるんです。僕も最初は「洋画はやっぱり字幕だろう」なんて思っていましたが、いつのころからか吹替の面白さにハマってしまった。『ジョーズ』もぜひ、吹替版にチャレンジしてみてください。本当にいい吹替なんです。

ジョーズ

Jaws/1975年/124分/アメリカ
監督/スティーブン・スピルバーグ　出演/ロイ・シャイダー、リチャード・ドレイファス、ロバート・ショウ

アメリカ東海岸の小さな島、アミティ島で海難事故が起きる。ビーチパーティに参加したのち、行方不明になっていた若い女性の身体の一部が海岸で発見されたのだ。死因はサメの攻撃だろうという報告を受けた警察署長のブロディはビーチの閉鎖を提案するが、市長や町の実力者の反対を受け、仕方なく黙認してしまう。そんなある日、ビーチで監視をしていたブロディの前で第二の犠牲者が出てしまう……。ピーター・ベンチリーのベストセラー小説を『続・激突！/カージャック』(74)で劇場デビューを飾ったばかりのスティーブン・スピルバーグが監督。世界中で4億7000万ドル、日本でも90億円の興収をあげる大ヒット作となり、スピルバーグを人気監督へと押し上げた。

3本目 ［ロッキー］

実は日常シーンが心に残る『ロッキー』！

――馬越さん、3本目の作品をお願いします！

馬越　3本目は、もしかしたら一番繰り返し観たかもしれない作品にしてみました。『ロッキー』〈76〉です。

――『ロッキー』のファンって本当に多いですよね。このコーナーでもよく名前があがる作品のひとつ。現在は、スピンオフとも言っていい『クリード』（『クリード　チャンプを継ぐ男』〈15〉）がシリーズ化されているくらいだから、本当にみんな大好き。

馬越　サメ映画かゾンビ映画かロッキー映画かというくらい、ですか（笑）？

――そうそう（笑）。

馬越　女子にはあまり受けないけど、男子は確かに大好き。間違いなく僕もそのひとりです。

――私は、随分あとになって観たんですが、ボクシングシーンが少ないのにびっくりしました。もっとスポーツ映画、アクション映画していると思っていたんですがどちらかというと人間ドラマですよね。

馬越　そうです。僕の認識でも『ロッキー』はボクシング映画じゃない。最後のアポロとの試合に至るまでのほうが好きなくらい。ロッキーとエイドリアン、ぶきっちょな恋人たちが育んでいく愛もいいですが、ふたりを取り巻くフィラデルフィアの人たちが魅力的なんですよ。エイドリアンの兄さんや、ロッキーを借金の取り立て係として雇っている金貸しのおっさん。彼らがどんな人間かがちゃんと伝わってきて、ロッキーとの交流が面白い。街を歩くロッキーにみんなが声をかけたり、不良っぽいティーンの女の子をロッキーが諭したりする。僕は、そういうひとつひとつのエピソードが好きなんです。そういうのって『クリード』でもちゃんと再現されていて嬉しかったですね。

――同じ街が舞台になってますし。

馬越　ロッキーの元トレーナーのじいさん（バージェス・メレディス）が「お前はダメだ」と言って破門するんだけど、そのあとアポロと闘うと言うのでトレーナーを志願に行くじゃないですか。ロッキーは「オレを一度見捨てたくせに」とかいろいろ言って彼を追い出しつつ、そのあと追いかけて行く。ロッキーの家を出てからはずっとロングで撮っているので、ふたりの会話は聞こえないんだけど、何を喋っているかはちゃんと伝わってくる。僕はこのシーンが大好きなんです。この映画は、そういう日常を切り取ったようなシーンのほうが心に残っている。

――じゃあ、ロッキーがランニングのあとバンザイするシーンは？

馬越　あれも好き（笑）。フィラデルフィア美術館の階段を駆け上ってバンザイをする。とても有名なシーンですよね。アポロ対策でトレーニングを始めるんだけど、最初のうちはその階段すら満足に上れない。でも、トレーニングを重ねるうちに簡単に上れるようになってバンザイ。あのポーズ、フィラデルフィアに行ったら同じ場所で絶対にやってみたい（笑）。ロンドンに行くなら、アビー・ロードの横断歩道で誰もがビートルズの真似をしたくなると同じですよ。

　あとは音楽ですね。『ジョーズ』もそうだけど、いい映画といい音楽の組み合わせがあって、そういうのがスタンダードの映画、不朽の映画になるのかなって。『ロッキー』のメインテーマはTVのバラエティ番組等でよく流れているから、映画を知らない人でも「この曲は知ってる」になっちゃう……あ、そうだ、思い出した！　『びっくり日本新記録』（75〜85）というバラエティ番組の最後がいつも『ロッキー』のテーマだったんですよ。テーマ曲はあまりに有名になりすぎたこともあって、僕が一番好きなのは「バッカスのテーマ」という曲。バッカスはエイドリアンにもらった犬の名前で、一緒に走ったりするシーンに流れる。

――『ロッキー』もシリーズ化されましたが、やはり1作目ですよね？

馬越　そこも『ジョーズ』と同じで1作目が最高になる。シリーズも後半になるとロッキーがリッチになって、エイドリアンが毛皮のコートを着ていたりする。話も大きくなってアメリカvsロシアになってしまうんです。1作目をみんな大好きだったのは、くたびれたボクサーががんばるところ。しかも最後、アポロに勝つわけでもない。でも、それ以上のもの、エイドリアンの愛と自信を手に入れる。そこがよかったんです。

――アメリカンドリームにしてなかったところがよかったのに、シリーズ後半はそうなってしまったわけですね。

馬越　そうそう。スタローンは『ランボー』〈82〉も同じで、1作目は行き場のない孤独な帰還兵の悲しみを描いていたのに、2作目からマッチョになってアクションヒーローとして活躍しはじめた。『3』（『ランボー3／怒りのアフガン』〈88〉）なんてアフガンで大暴れする無敵のマッチョヒーローですからね。キャラクターは同じにもかかわらず、いつの間にか別人になっちゃった。

――どんどんカリカチュアされていった印象かも。シリーズを続けていく上では仕方ない変更なんでしょうが、ちょっと残念ですよね。

馬越　でも、だからといって2作目以降の『ランボー』が嫌いなわけじゃない。1作目のランボーとは別人として、ちゃんと楽しんでいます（笑）。

ロッキー

Rocky/1976年/119分/アメリカ
監督/ジョン・G・アビルドセン　脚本＆出演/シルベスター・スタローン　出演/タリア・シャイア、バート・ヤング

三流ボクサー、ロッキー・バルボアは、ボクシングだけでは食べていけず、借金取りのバイトで食いつないでいた。そんなある日、大事件が起きる。世界チャンピオンのアポロが対戦相手にロッキーを選んだのだ。当時、無名のシルベスター・スタローンの名前を世界中に知らしめ、アカデミー賞で作品賞・監督賞・編集賞を受賞した。スタローンは本作の脚本を3週間で執筆。スタジオは20万ドルで買い取ろうとするが、彼は売却条件として自身が主演することを提案。スタジオ側は無名のスタローンの起用を嫌がり、ライアン・オニールかバート・レイノルズで企画を進めるものの、プロデューサーらがスタローンの熱意に負け、スタジオを通さずに製作した。

オレの映画3本

『マッドマックス2』

『ニキータ』

『アンブレイカブル』

INTERVIEW

013

長濱博史

PROFILE

HIROSHI NAGAHAMA

1970年3月15日生まれ。大分県出身。アニメーション監督・アニメーター。

1990年、マッドハウスに入社。TVアニメ『YAWARA！』(89－92) 等さまざまな作品に参加した後、フリーランスとなる。2005年TVアニメ『蟲師』で初監督を務め、高い評価を得たほか、『惡の華』(13) ではTVアニメ初の全編ロトスコープを採用し話題となった。その他の監督作品にOVA版『デトロイト・メタル・シティ』(08)、…とともに共同原作を務めたTVアニメ『THE REFLECTION』(17) 等、最新作は『UZUMAKI』(24)

1本目［マッドマックス2］

マックスから学んだ「かっこいい」ということ

――長濱さん、よろしくお願いします。今回は1回目ですが、どの作品ですか。

長濱　80年代、90年代、00年代、それぞれの年代から1本ずつ選んでみました。最初となる今回は80年代の1本。そうなるとやっぱり『マッドマックス2』（81）ですね。

――最初の『マッドマックス』（79）ではなく2作目なんですね。

長濱　そうです。最初に観たのが『2』のほうで、TV放送でした。そのときは確か、撮影中にスタントマンが事故死した映画の続編という触れ込みでした。

――そういうニュース、ありましたね。

長濱　で、TVで観て、中学生だったオレは「これは何？」という反応。今まで観たことのないジャンルだったからです。マックスが置かれている状況もよくわからなかったし、ルックスもピンとこない。モヒカンのおじさんが肩パッドを着けたりしているけど、なぜそんなスタイルなのかという説明もない。全編、ひたすら車で追いかけっこをして奪い合い、殺し合うだけの映画。子供にとっては、「これは何？」状態だったにもかかわらず、マックスがかっこよかったんですよ。ただ、なぜかっこいいのかがわからない。

――中学生だったから、アンチヒーローという概念がわかりづらかったのかもしれないですね。

長濵　それもあったのかもしれないですが、やっぱり強烈ではあったんです。二度目に観たのは高校生になってから。そのころはビデオが普及していて録画し、それを擦り切れるくらい観たんです。というのも、メル・ギブソンの声を柴田恭兵がやっていて、これがめちゃくちゃかっこよかった。ほとんど喋らないし、人助けもしない。ガソリンをもらえれば助けてやるけど、それが終わったら出て行く。最初からヒーローじゃなくて、ふらっとやってきて、事件に巻き込まれ、結果として救世主みたいになる。でも、本人にはそういうつもりはみじんもない。最後、夕陽をバックに立っているマックスの姿に「あれが彼を見た最後の姿だった」みたいなナレーションがかかるけれど、本当にボロボロな上に置いてけぼり状態になった風来坊ですからね。

――そうでしたね。

長濵　そんなマックスのセリフに力をもたせてしまうと〝物静かだが強い信念をもつ男〟になってしまうじゃないですか。でも、柴田さんは力が抜けていて、とてもサラリとした感じ。他人にどう思われようが構わないような声でもあった。この声がマックスにハマりまくっていたんです。

――ということは、その柴田恭兵吹替バージョンが好きだった？

長濵　そうです。もう何度も何度も繰り返し観ましたよ。そのバージョンが入ったＢＤを出してくれれば、すぐに買うんですけどね（笑）。

――ヒーロー然としてないところがよかったんですね。

長濵　オレ、「かっこいい」という言葉が、必ずしも褒め言葉だとは思ってないんです。「柴田恭兵ってかっこいい」と言っちゃうと、それで終わっちゃう。本当はまだいろんな部分、ひと言では言い表せないようなニュアンスをもっているのに、かっこいいという言葉でまとめておけばいいか、みたいな感覚になる。だから、オレにとっては「かっこいい」というのは、必ずしも褒め言葉じゃないんですよね。

それでいうとマックスもかっこよくない。かっこいいという言葉じゃ終わらない魅力をもっているから、そう言いたくなる。缶詰のドッグフードを食べ、残りをイヌにあげ、そのまた残りをジャイロ・キャプテンが食べる。みんなで分け合うことなんてしないんだけど、それでもちゃんとヒロイックに見える。ヒーローをヒーローとして描かないほうがヒーローっぽいということを、この作品で知ったようにも思いますね。

――なるほど！

長濵　あと、印象的だったのは、ボロボロのマックス。最初もそれなりにボロボロなんですが、最後は片目もほぼ開いてなくて、足も引きずり、腕にも包帯を巻いてと、もっとボロボロになっている。修羅場を潜り抜けてきた感じがハンパない。そのボロボロ感が好きだったんですが、そういう表現ってアニメや漫画ではあまりないんですよね。たとえ大怪我をしても次のシーンやページではいつもの姿に戻っている。そういう怪我が続くことはまずない。オレはちゃんと状況が変わるようなキャラクターを描いてみたいし、そういうアニメーションに関わってみたいと思っている。そう思うようになったのは『マッドマックス2』の影響だと思います。

――確かにアニメや漫画にはそういうところありますね。

長濵　この漫画を実写化したら、アニメ化したらと考えるとき、たとえば『仮面ライダー』だったら、最初からかっこよくしようとは考えない。動きがないときは仮面ライダーには見えないんだけど、動き出すと仮面ライダーになってかっこいい。一瞬だけかっこよくて、そこを写真に撮られ、みんながいろいろと考える、みたいな作品を作ってみたいなあと思いますね。

――ということは、『マッドマックス2』が長濵さんの「かっこいい定義」を作ってくれたんですね。

長濵　そうだと思います。かっこよさをマックスから学んだって感じです。

マッドマックス2

Mad Max 2/1981年/95分/オーストラリア
監督&共同脚本/ジョージ・ミラー　撮影/
ディーン・セムラー　音楽/ブライアン・メイ
出演/メル・ギブソン、ブルース・スペンス

世界戦争によって文明が崩壊した世界。砂漠と化した土地で生き残るのに必要なのはガソリンだった。そんななか、一匹狼のマックスは空からやってきたジャイロ・キャプテンに石油精製所があることを聞く。監督・共同脚本のジョージ・ミラーはオーストラリアの病院のERで医師として働き、そのお金を貯め『マッドマックス』(79)を製作。世界中で大ヒットしてこの続編が作られた。マックスを同じくオーストラリア出身のメル・ギブソンが演じているのは3作目の『マッドマックス／サンダードーム』(85)まで。同じくミラーが監督を務めた4作目『マッドマックス 怒りのデス・ロード』(15)ではトム・ハーディがマックスを演じている。

2本目「ニキータ」

ベッソンが用いた予測不能な語り口に驚き！

――長濱さん、2本目はどんな作品でしょうか？

長濱　リュック・ベッソンの『ニキータ』（90）です。好きな映画も、影響を受けた映画もたくさんある。そういうなかでこの作品は「オレって、予測不可能な映画が好きなんだ」ということに気づかせてくれた1本です。

――ということは、意外な展開だったということですか。

長濱　簡単に言っちゃえばそうです。たとえば「昨日、コンビニ行ったんだよ」と話し始めたとするじゃないですか、それはとても日常的な会話ですよね。でも続けて、「レジでお金を払うとき、店員さんがオレの後ろを見ながら、〝あのお……後ろの方はお連れさんですか？〟って聞いてきたんだ。オレ、ひとりで行ったのに」と言うと、ザワザワしてくるじゃないですか。日常的だったはずの会話が徐々に歪み始めて、どこに話が着地するのかわからなくなる。でも、この会話が「昨日、コンビニでヘンなことがあってさあ」で始まると、こっちも「ヘン」な方向に頭を切り替えて耳を傾ける。心構えができるので、その「ヘン」さにあまり驚かないかもしれないですよね？　その差って、わかります？

――わかります！　でも、そのためには予備知識ナシで観ないとダメですよね？　『ニキータ』の場合、私は予備知識がありまくったので、そういう驚きはなかったんです。

長濵　オレの場合は、リュック・ベッソンの新作くらいの知識しかなく劇場で観たので驚きの連続だった。冒頭、雨に濡れた石畳を、不良っぽい連中がヤク中のような男を引きずりながら歩いている。そこに真っ赤なロゴで「NIKITA」の大きな文字が入る。薬局に押し入り、警察が来てみんな殺され、ヘバってた娘だけが助かるんだけど、彼女は発砲して警官を殺害。裁判所でも大暴れして終身刑を宣告される。しかし、殺し屋という第二の人生を与えられる……オレは「え？　そんな話なの、この映画」って。冒頭からは想像できないような展開だったんですよ。

——ベッソンの『レオン』(94)はどうでした？

長濵　オレ的には「想像できる映画」だった。「このおじさんはコワモテだけど実は優しいヤツで、少女と心を通わせるんだろうな」と思って観ていると実際そうなって、最後までそのままだった。オレの周りにもファンはたくさんいる映画なので、当時は沈黙してましたけど(笑)。

——長濵さん、もしかしてヒッチコックの『サイコ』(60)は？　あれも最初は痴情のもつれ系かなと思っていると、アンソニー・パーキンスが出てきて途中からサイコサスペンスになる。そういう意味では先は読めないですよね。

長濵　『サイコ』、大好きですよ(笑)。『サイコ』のように振り回されたり、驚かされたりする映画がオレ、大好きなんです。同じように予想不可能だったのは偶然、名画座で観た『心の旅路』(42)。これもまったく先が読めなかった。記憶喪失の男と踊り子が結婚して幸せに暮らしていたが、出かけた先で男が頭を打ち、過去の記憶を取り戻し、現在の記憶をなくすという話。男はかつての家に戻って父の事業を継いで大成功。女性のほうは、彼のことを知り、身元を隠して秘書になる……これもドキドキの連続でした。

——『心の旅路』は有名なメロドラマ。グリア・ガースンとロナルド・コールマンの共演でした。ハリソン・フォード主演でリメイクされていましたね。

長濵　そういう予測不可能な映画じゃないと、あまり価値を感じないのかもしれない。おそらくオレ、予定調和っぽいのが一番イヤなんだと思いますね。自分が手掛けたアニメにも言えることで、予告編で「ああ、こういう映画なんだ」と思われるのはイヤで、「え？　これは何なの？」みたいなのがいい。

——普通、『ニキータ』を語る場合、ニキータ役のアンヌ・パリローやアクションについてが多いんだけど、長濵さんは違うんですね。

長濵　そうです。アンヌ・パリローはかわいいな程度。一番、魅了されたのはやはり語り口。ベッソンがこの映画で用いた語り口が好きだったんだと思いますね。その語り口はラストも印象的にしている。ほら、この映画ってバイオレンス強めの『マイ・フェア・レディ』（64）みたいなもんじゃないですか？「エンリー・イギンズ」としか言えなかった娘が「ヘンリー・ヒギンズ」と言えるまでに成長して、彼女を育ててくれた紳士と結婚するというのが王道の物語だけど、『ニキータ』はそうはなってない。野生児のような娘だから、最初はきっと人を殺すことの意味みたいなのもわかっていない。でも、恋人となる男性と出会い、仕事をこなしていく上で、人を殺すこと、大切な人がいるということの意味を、ひとつひとつ実感しながら獲得していく。そうやって人間の感情を手に入れるんですよ。そんな彼女が最後に下した結論は、愛する人を手放すということだった。側にいたら傷つけるからですよね。恋人と逃げたりしないし、ハッピーエンドにもなってない。最後まで予想不可能が続いてくれた。だからオレ、ラストも大好きなんです。ニキータを愛したふたりの男、ひとりは恋人で、もうひとりは彼女を殺し屋に育てた男。恋人が「お前宛ての手紙もあったが捨てた」というと、もうひとりが嬉しそうに笑うんです。そして、「（彼女がいなくなって）寂しくなるな」って。恋人がタバコの煙を吐いて暗転ですよ。いや、本当にかっこいい。

——そうですね。アメリカ映画じゃ、そういうラストにはしないでしょうね、きっと。それに、続編も作ってるはずですよ。

長濵　リメイクはあったけど、続編はなかったですね。そこもよかった。似たような映画はたくさんあったと思いますが、オレは敢えて観ていない。もう最高と出会えちゃったので、あとは観られないんですよ（笑）。

ニキータ

Nikita/1990年/115分/フランス・イタリア
監督＆脚本/リュック・ベッソン　音楽/エリック・セラ　出演/アンヌ・パリロー、チェッキー・カリョ、ジャン＝ユーグ・アングラード

麻薬中毒の娘は薬局での銃撃戦のなか、警官を殺害し逮捕される。ニキータと名乗る娘の判決は終身刑。だが、それは表向きで、過去の記録は一切消され、殺し屋ニキータとして生きることになる。面倒をみてくれるのはボブという男。彼のもと、厳しい試練をクリアし一人前の殺し屋へと成長するニキータだった。フランス映画界の異端児、リュック・ベッソンの長編4作目にして初の大ヒット作。このあとハリウッドに招かれ、初のハリウッド＆英語映画『レオン』（94）を撮っている。ニキータ役のパリローは当時、ベッソンの奥さんだったが、映画完成後には離婚していた。映画では最初は18歳くらいの少女という設定のニキータだが当時のパリローは30歳だった。

3本目 ［アンブレイカブル］

アメコミファンに新しい呪いをかけた1本

——長濱さん、いよいよ最後の3本目です。どんな作品ですか？

長濱　『アンブレイカブル』（00）です。M・ナイト・シャマランの作品。これはもう、オレのような年齢のアメコミファンに新しい呪いをかけるような映画だった。

——アメコミファンでもあるシャマランが、もし本当にスーパーヒーローが存在したらというコンセプトで作った、いわばリアルアメコミ。アメコミ映画ブームが起きる何年も前に作った異色作です。「新しい呪い」とは、どういう意味なんでしょう？

長濱　ひと言で言ってしまえば「お前たちは一生、アメコミから逃げられない」という映画だったんです。「サミュエル・L・ジャクソンの年齢になってもマグニートーになれて、ブルース・ウィリスの年齢になってもキャプテン・アメリカになれる。お前たちはそうしたいんだろ？」とシャマランはスクリーンを通してファンに語りかけてきた。そして「そうなりたいから、ずーっとアメコミを読み続けているんだよな。毎月、何冊も出るアメコミを、たとえ読まなくても買い続けているお前たちに終わりはない！」って（笑）。

——アメコミを止められない理由を教えてくれたわけですね。

長濵　それだけじゃなく、本当にいろんなツボがある作品なんですよ。

――ブルース・ウィリス扮する〝アンブレイカブル〟なヒーローの名前もデビッド・ダン。DDとWイニシャルで、ちゃんとアメコミ・ヒーローしている。

長濵　それにサミュエル扮するイライジャが最初に出てきたときのコスチュームはパープルですよ。パープルと言えばマグニートーやグリーンゴブリン、ジョーカー等ヴィランのカラーですからね。しかも彼にもちゃんと「Mr．ガラス」というあだ名が付けられている。あだ名もマストですから。最後のときもイライジャはパープルを着ていて、デビッド・ダンに「どうやら握手をするときが来たな」と言ってふたりは握手し、種明かしが始まって、最後の最後にもうひとつどんでん返しがある。イライジャが、自分こそがヴィランだったんだと気づくわけですよ。シャマランはどんでん返しが得意だけど、これはちょっと椅子から飛び上がるほどだった。シャマランではもう1本、同じように椅子から飛び上がりそうになった作品が『スプリット』(16)。

――もしかして、あのラストですか？　ジェームズ・マカヴォイが多重人格者を演じるサスペンスホラーと思っていたら、ラストはびっくりでしたね。

長濵　そうです。まさにあのラストです。TVで多重人格者のマカヴォイのことを〝ザ・ホード（群）〟とあだ名していたというニュースが流れていて、それを観ていた女性の店員が、「15年くらい前に同じような事件が起きて、彼にもあだ名があったけど何だったっけ？」と言うと、お客のひとりが「Mr．ガラス」と答える。その客こそがデビッド・ダンのブルース・ウィリス。もうびっくりですよ。

――作業服を着ていて、その胸に「デビッド・ダン」と名前が入っているんですよね。

長濵　そうです。そもそも、マカヴォイが出ていたときから音楽が『アンブレイカブル』のテーマ曲になっていて、オレ的には「何だ何だ？」という感じだったんだけど、まさかそうやって『アンブレイカブル』につながるとは思わなかったので、本当に驚いたわけです。あのときの感情のかき乱され方はハンパなかった（笑）。

——そして実際にシャマランは『ミスター・ガラス』(19)という映画を撮りますからね。同じメンバーで。ちゃんと三部作になっている。

長濱　そうなんです。あのクロスオーバー感！　今では普通にMCU（マーベル・シネマティック・ユニバース）でやっていますけど、それこそアメコミファンの夢のひとつなんですよ。トビー・マグワイアのスパイダーマンにベン・アフレックのデアデビルが出て、ニコラス・ケイジのゴーストライダーにも出て欲しいと、ファンはみんなホンキで思っていた。『アベンジャーズ』がその夢を叶えてくれたわけだけど、同じようにシャマランも実現していたんですよ。そうやって、つながって行くのがオレとしてはツボでもあるみたいなんです。ストーリーとしてもちゃんとつながって、最後に向かって美しく集約されて行くのが好き。『アンブレイカブル』も、そこはお見事なわけです。もうひとつ、『アンブレイカブル』で思うのは、人との「つながり」です。

——どういうつながりですか？

長濱　オレはそのころ東京ムービーで仕事をしていて、シナリオライターの米村正二さんと席が隣同士だったんです。よくふたりで映画の話をしていたんですが、あるとき、米村さんが「『アンブレイカブル』観た？　君は絶対観なきゃダメだ。すぐに映画館に行って。それ以上は言わないから。本当に君が観なきゃいけない映画なんだよ」って。『スプリット』もそうでした。オレをこのコーナーに紹介してくれた馬越（嘉彦）さんに「『スプリット』観た？　あなたの映画。絶対観なきゃ」って言われて劇場に行ったら、何と『アンブレイカブル』の続編だった。

——2本とも、そういう経緯で出会えたんですね。

長濱　そうやって大好きな映画に出会えたのは、オレが自分の好きなものを発信し続けたから。それを受け止めてくれた人が「ああ、これはアイツの映画だ」と思って、オレに出会うチャンスをくれる。そうやってつなげてくれるんです。スタン（・リー）との出会いもそう。オレがアメコミが大好きということをずーっと発信し続けたから、「じゃあ、会ってみる？」になった。おいしいラーメンとの出会いだってそうでしょ？　自分がラーメン大好きと発信し続けていたら、誰かが教えてくれるじゃないですか？　「この前、すげえおいしいラーメン食ったから行ってみたら？」みたいな感じで。だからなのか、この世の中、自分ひとりの力で切り拓けるようなものはなくて、たくさんの人の力があって、今のオレの状況がある……なんて思う瞬間、あるんですよね。愚直に自分を曲げることなく進んできたのがよかったのかなあと最近、思ったりしてます（笑）。

アンブレイカブル

Unbreakable/2000年/106分/アメリカ
監督＆脚本＆共同製作/M・ナイト・シャマラン　出演／ブルース・ウィリス、サミュエル・L・ジャクソン、ロビン・ライト

鉄道事故が起こり多くの乗客が死亡し怪我を負う。無傷ですんだのはデビッド・ダンただひとりだった。そんな彼に興味をもったのはコミックストアを経営するイライジャという男性。彼は骨がすぐに折れてしまう難病を抱えていて、この世には自分と反対の人間、“アンブレイカブル”な存在がいるはずだと考えていた。実はコミックの大ファンだったシャマランが『シックス・センス』（99）の大ヒットのあとに撮った異色作。スーパーヒーローが実際にいたら？　というコンセプトそのものが面白いが、アメコミ要素を散りばめていて、その手のファンは大喜びした。アメコミの絵を意識したようなシーンが多く、シャマランのオタクっぷりがにじみ出ている。

オレの映画3本

『未知との遭遇』

『三十九夜』

『アバウト・タイム～愛おしい時間について～』

INTERVIEW
014

平松禎史

PROFILE
TADASHI HIRAMATSU

1963年3月17日生まれ。愛知県出身。アニメーター・アニメ演出家。

1987年にTVアニメ『ミスター味っ子』で原画デビュー。『ふしぎの海のナディア』(90－91) 第11話「ノーチラス号の新入生」で初の作画監督を務めた。最近のおもな参加作品にTVアニメ『寄生獣 セイの格率』(14－15)、『ユーリ!!! on ICE』(16)、映画『さよならの朝に約束の花をかざろう』(18)、『呪術廻戦』(20、23)、『アリスとテレスのまぼろし工場』(23) 等。

1本目

［未知との遭遇］

映像関係の仕事がしたいという夢が生まれた作品

――今回は、1本目です。どの作品ですか？

平松　たくさん候補作があってかなり考えたんですが、今挙げるとなるとこの3本かな、という感じで選びました。3本の共通点はエンタテインメント映画というところ。その1本目は、いろんな意味で初めての体験になったスティーブン・スピルバーグの『未知との遭遇』（77）です。

――宇宙人と人類の遭遇を描いたSF映画ですね。これにはいくつかのバージョンがあります。

平松　最初に公開されたオリジナルと、その後に公開された『特別編』、そして『ファイナル・カット』版がありますよね。『特別編』も劇場に行ったんですが、円盤のなかの映像いらないなあって思いました。オリジナル版のときは内部を見せてないので「見たい！」とは思ったんですけどね（笑）。スピルバーグのインタビューを読むと、内部を見せるのには反対だったそうなので、やっぱりねって感じでした。

――確か、スタジオとのしがらみがあって『特別編』では宇宙船の内部を入れることになったんですよね。

平松　映画を観れば、スピルバーグのほうが正しいことがわかります。僕が思い入れがあるのはオリジナルの公開版なんですが、好きなバージョンとなると『ファイナル・カット』版になる。何度も観直している間にそうなっちゃった（笑）。

――『ファイナル・カット』版はちょっと長くて、いろんなエピソードが増えています。

平松　僕がいいと思ったのは主人公ロイ（リチャード・ドレイファス）がデビルズ・タワーに魅せられてしまうプロセス。どんどん追い詰められてしまい、家族の間に深い溝ができるのがちゃんと伝わってくる。このエピソードをしっかり描いていないと、彼の最後の選択に説得力がなくなっちゃうので。

――ロイは向こうに行くという選択をしますからね。

平松　そういう選択は家族仲がいいとできない。だからスピルバーグはしっかり時間をかけてロイ一家の関係性の変化を描いている。そもそもロイは不完全な人間で、UFOに遭遇したせいで自分の本来の姿を探すようになる。最初に観たときから、そういう主人公の設定が面白いし共感できたので、その部分が膨らんでいるのはいいと思いましたね。あと、宇宙船に乗るとき牧師か神父が来てクルーの人たちにお祈りを捧げるんだけど、そのエピソードのおかげで緊張感とリアリティがプラスされていた。結局そのクルーからは選ばれず、ロイだけが宇宙人たちと旅立っちゃうんですけどね。

――そうでした！

平松　この作品で一番よく憶えているのは、子供のバリーがアブダクトされる（異星人に連れ去られる）シーン。ドアを開けると、その向こうにまばゆい光が溢れていて、母親がドアを閉めふたりでテーブルの下に隠れる。すると今度は、床下から光が漏れてきてネジがキリキリと回って外され、蓋がポンと飛んでしまう。その見せ方が上手で最初に観たとき、とてもハラハラしてめちゃくちゃ面白いなって。何度も観直すようになって好きになったのは、あの有名な音楽にどんな意味があるのか探るエピソードです。試行錯誤したあと座標だろうということになり、時間を省略して大きな地球儀を転がして運ぶシーンになる。研究ブースみたいな部屋に地球儀を入れたあとは、地球儀をなぞる指のアップだけで、ワイオミング州だとわからせる。そのプロセスのテンポがもの凄くいい。しかも巨大な地球儀を転がして運ぶというのは絵としても面白いし笑いもとれる。そういう見せ方は、さすがスピルバーグだなって。

――初めて観たのはおいくつのときだったんですか？

平松　確か14歳くらいだったと思います。父親が映画好きで、よく一緒に劇場に行っていたんです。ジョン・ギラーミンの『キングコング』(76)とか、リチャード・アッテンボローの『遠すぎた橋』(77)等よく憶えています。おそらく『～遭遇』はいつものように一緒に行こうと思っていたら行かないと言われひとりで行った。ちなみに初めてひとりで観た映画は、『スター・ウォーズ』(77)だったんですけどね。

――でもやっぱり『～遭遇』のほうがいい？

平松　当時は『SW』のほうが派手だし、子供心に響く要素も多くて大好きだったんですが、ビデオを借りて映画を楽しむようになってから何度も観直したのは『～遭遇』のほうだった。同じSFでも、知らない星の出来事より、自分と地続きのほうが僕にはしっくりくるんだと思います。

――「いろんな意味で初めての体験」とのことですが、どういうところが初めてだったんでしょう。

平松　監督と作品を結び付けたというか、監督の名前を意識した最初の作品でしたし、映像の面白さや、映像で物語を語れるということの発見とか、本当にいろいろな「初」があるんです。映画雑誌を読むようにもなり、作品をもっと深く知りたいと思うようになった。映像関係の仕事がしたいという夢が生まれたのも『～遭遇』が最初のきっかけでしたから。

――影響力、凄くあったんですね。

平松　そうなんですよ。実写のほうに進みたいと考えたこともあったんですがハードルが高そうだったし、絵を描くのが大好きだったのでアニメーターを目指すことになりましたね。アニメは自分が描いたものを自分で動かせる醍醐味があるのが大きな魅力でした。方向性が決まってから、関連書を読むようになったんですが、その多くは実写映画の本だった。円谷英二や(コンスタンチン・)スタニスラフスキーの演技理論、本作には役者として出演している(フランソワ・)トリュフォーと(アルフレッド・)ヒッチコックの『映画術』はもちろん。あとは映像にとても興味があったのでSFXの本、『シネフェックス』も読んでました。

――平松さんと同世代の方にとって、スピルバーグはやはりスペシャルな監督なんですね。

平松　サイモン・ペッグ&ニック・フロストの『宇宙人ポール』(11)も大好きで、今回3本に入れようかと考えたんですが、この映画もスピルバーグへの愛情と尊敬が重要な要素になっていたし、J.J.エイブラムスの『SUPER8/スーパーエイト』(11)もそうだった。洋の東西を問わず、僕らの世代にとってスピルバーグは、本当にスペシャルな存在なんだと思います。

未知との遭遇

Close Encounters of the Third Kind/1977年/135分/アメリカ
監督&脚本/スティーブン・スピルバーグ
出演/リチャード・ドレイファス

停電の復旧作業に向かう途中、不思議な現象に巻き込まれ、UFOを目撃したロイ。以来、ロイはUFO情報を集めだし、シェービングクリームやポテトサラダで奇妙な山を作り始めた。同じころ、違う場所で、幼い少年バリーが光とともに現れた何者かに連れ去られてしまう。本作には3つのバージョンがあり、公開版は135分、次に公開された『特別編』は132分、そして『ファイナル・カット』が137分になっている。スピルバーグはこのあと、『E.T.』(82)や、製作総指揮を務めたTVのミニシリーズ『TAKEN テイクン』(02)で人間と宇宙人の関係性を描き続けた。宇宙人の存在を信じ、しかもいい関係が築けると思っているに違いないスピルバーグなのだった。

2本目［三十九夜］

ヒッチコックの魅力が詰まった初期作

——平松さん、では2本目をお願いします！

平松　（アルフレッド・）ヒッチコックの『三十九夜』（35）です。彼がイギリスで撮っていた時代の代表作。小粒ですが、ヒッチらしいアイデアがたくさん詰まっている。彼が得意とする巻き込まれ型のサスペンスで、外交官が休暇でロンドンに帰国していたときスパイ事件に巻き込まれる。ミュージックホールで出会った女性をひと晩泊めることになるんですが、彼女は軍の機密が盗まれようとしていて、その手掛かりは〝39階段〟だという。半信半疑だった外交官だけど翌朝、彼女は殺されていて、自分が犯人に仕立てられていた……というストーリー。ヒッチコックはこのあと『逃走迷路』（42）や『北北西に進路を取れ』（59）等、同じスタイルのサスペンスを撮っていますが、その元祖と言っていいと思います。

——ヒッチコックの円熟期の作品じゃないところから選んだ理由は何かあるんですか？

平松　ヒッチコックの作品は代表的なものから観ているんですよ。『北北西に進路を取れ』や『サイコ』（60）、『裏窓』（54）、『めまい』（58）等、いわゆる彼の代表作。そういうのを観たあと初期の作品に遡ったら、ヒッチ作品の魅力がすでにここに詰まっていたという感じ。原点を見つけた面白さがあった。

——とりわけ『三十九夜』には、のちにヒッチコックのスタイルとなる要素の片鱗が散りばめられていますからね。
平松　それにモノクロの作品なので、光の使い方や絵作りがよくわかり勉強になるということもある。昔の映画なのでカメラも自由が利かないという制約のなかでどれだけ面白く撮るのか？　そのお手本的な部分もある。アニメーターになってから観たので、ついついそういう目で観てしまうんですけどね。
――ヒッチコックの作品はとても計算されているからですね。
平松　彼の作品には無駄がないんです。『三十九夜』の最初のワンカットは劇場のネオン。それからチケットを買う男性。次は彼がチケットを見せて劇場に入る。4カット目でもう座席に座るんです。『サイコ』もそうですよね。ソウル・バスがデザインしたオープニングのあと、すぐに街の風景になり、カメラがひとつの窓に寄って行ってそのまま入ると、情事のあとの男女が話している。これでもう本題に入るわけですから。
――そうでした！　しかもスタイリッシュでかっこいい。デビッド・フィンチャーが『パニック・ルーム』(02)で真似っこしてましたから。
平松　私も真似しました(笑)。みんな真似したくなる。つまり、そういう元祖が『三十九夜』だと思うんです。それに、技術的な要素だけじゃなくヒロイン像もそう。私は本作のヒロインを演じたマデリーン・キャロル、大好きなんです。とりわけヒッチ作品のときの彼女。『間諜最後の日』(36)とか。
――ヒッチコック好みのブロンド美人だし。
平松　しかも、主人公をなかなか信じない。たまたま出会い、最初は信頼せずにぶつかってばかりなんだけど最終的には結ばれるという感じ。戦前のヒロイン像の多くはそんなタイプで彼女もそのひとり。
――『或る夜の出来事』(34)のクローデット・コルベールみたいな感じが多いかもしれませんね。彼女の影響？
平松　どうなんでしょうね。今でいうツンデレかな。『海外特派員』(40)のヒロインも『バルカン超特急』(38)もめちゃくちゃツンデレ。『泥棒成金』(55)のグレース・ケリーもそうですよ。私、自分のブログに彼女のこと、〝元祖ツンデレ〟と書いたことがある(笑)。

――言われてみると、ヒッチコックはツンデレなヒロインが好きなのかも。賢い女性をヒロインにする場合が多かったこともあるのかもしれませんけどね。それにこの時代の作品は軽妙なものが多い。

平松　軽妙と言えば、この作品のラストも大好きなんです。〝39階段〟の謎が冒頭に登場したミュージックホールで明かされるわけですが、その明かし方も気が利いているし、その舞台ではパニックにならないよう明るい曲でダンサーが踊っているというのもいい。さらに、種明かししたあと主人公とヒロインの手元がアップになり、ふたりが手をつないでジ・エンド。最後を飾るのはスターの顔ではなく手元という構成も凄いなって。(フランソワ・)トリュフォーがヒッチコックを好きなのは、そういうところだと思うんですよ。皮肉の効いたユーモアがあって粋。

――そうですね。皮肉の効いたユーモアはやはりイギリス人らしい。

平松　それでいうと、主人公が逃亡の途中で泊めてもらうスコットランドの農家でのエピソードもいい。その農家の奥さんが旦那よりとても若くて、主人公に都会のこと等を尋ねる。厳格なクリスチャンらしい旦那は楽しそうに喋るふたりの仲を怪しみ、納屋の鍵をかけたか調べに行くと言い、外から窓越しに彼らの様子を伺うんです。会話は聞こえないだけに怪しさが募るわけなんだけど、実際にふたりが話していたのは殺人事件の犯人として追われているから助けてくれという切実なこと。でも、旦那は浮気を怪しむというシチュエーションで、ここにもちゃんとワザがある。やはり見せ方が上手いなあって。このエピソード、映画の構成から浮いているという説もあるんですが、私は味わいがあって大好きなんです。

――短い映画だけど情報量が多いということなんでしょうね。平松さんはヒッチコック映画のなかでこの作品が一番お好きなんですか?

平松　いや、そういうわけじゃなく、こうしてお話するとなると『三十九夜』がいいかなと思ったんです。なので、一番好きとなると『裏窓』かな。グレース・ケリーが出演している3本、『泥棒成金』、『ダイヤルMを廻せ！』(54)も好きです。あとは『サイコ』や、ちょっと玄人好みの『めまい』も。

——『めまい』、大好きです！

平松　いいですよね。あれも語り出すときりがないくらいの情報量。キム・ノヴァックの初登場シーンは本当に計算されているし、ヒロインの美しさを際立たせて驚くほど効果的に撮られている。本当に素晴らしい……いや、だから、そうやって喋り出すと止まらないのがヒッチコック映画なんですよね(笑)。

三十九夜

The 39 Steps/1935年/88分/イギリス/黒白
監督/アルフレッド・ヒッチコック　出演/ロバート・ドーナット、マデリーン・キャロル

ロンドンのミュージックホールに立ち寄った外交官ハネイは、超人的記憶力をもつミスター・メモリーの芸を楽しんでいた。そこに突然銃声が響き、ホールはパニックになる。助けを求める女性を仮住まいのアパートへ連れ帰ると彼女は、発砲したのは自分で、軍事機密の流出を防ぐためだったと言う。笑って信じないハネイだが、翌朝、彼女はナイフで刺殺されてしまう。無実の罪で警察に追われながら真相を追う、スリラーの定番プロットとして現代に引き継がれるヒッチコック・スタイルを確立した作品。政治家としても名高い小説家ジョン・バカンの『三十九階段』を映画化。ヒッチコックが36歳のときの作品で、この大成功で世界的な名声を得ることになった。自身のお気入りの作品を尋ねられると必ずこの1本を入れていたことでも知られる。

3本目

［アバウト・タイム～愛おしい時間について～］

タイムトラベルの制約が映画を面白くする！

――平松さん、では3本目をお願いします！

平松　リチャード・カーティス監督『アバウト・タイム～愛おしい時間について～』（13）です。

――ラブストーリーでありタイムトラベルものですね。主人公の青年は『スター・ウォーズ』シリーズでハックス将軍を演じたドーナル・グリーソンです。

平松　過去に戻る能力を父親から引き継いだ主人公の青年が、ひと目惚れした女性との愛を成就させようとする物語です。未来には行けなくて過去だけ。それも自分が生きていた時代だけで、歴史を変えたりはできない。そういう制約が映画を面白くしている。コロナ禍で自宅での仕事が増えたときに観たんですよ。当時はもっているソフトを〝ながら観〟していたんですが、この作品は面白くて仕事の手が止まってしまった。カーティスの作品はこれが初めてで、とても気に入ったので過去作も続けて観ました。『ラブ・アクチュアリー』（03）とか『パイレーツ・ロック』（09）とか。どれも面白かったですね。

――そのなかで本作を選んだ理由は？

平松　ヒロインのレイチェル・マクアダムス。『ドクター・ストレンジ』（16）で初めて観て、かわいい女優さんだなと思い、彼女の出演作を探し『アバウト・タイム』に手が伸びたわけです（笑）。

――私はこの作品のとき、監督のリチャード・カーティスにインタビューしたんですが、ヒロイン役は彼女以外の選択肢はなかったと言っていましたね。

平松　わかります、その気持ち（笑）。私はこの作品のあと、同じくタイムトラベルものでレイチェルの出演作、『きみがぼくを見つけた日』（09）も観たんですよ。これも彼女がタイムトラベラーと結婚する話。2本を比較すると、違った面白さがある。『アバウト・タイム』はタイムトラベルする男性視点で描かれているけど、『〜見つけた日』は、タイムトラベラーと結婚すると信じている彼女の視点。男性がタイムトラベラーというのは同じなんですが、そういう視点の差が面白い。それに『アバウト・タイム』は脚本もカーティスで男性でしょ。でも、『〜見つけた日』は原作があって、書いたのは女性。この差もある。で、どちらのレイチェルがかわいかったかというと、やっぱり『アバウト・タイム』（笑）。というのも、そもそもこの作品には〝男性の夢〟みたいな感じがあるからです。

――ですね。理想の女性に出会い、過去にタイムトラベルして過ちを修正しつつ、いい人生を築いていくわけですから、まさに〝夢〟ですよね。

平松　でも、そうやってすべて修正できればいいんですが、いろんな制約がありそうはいかない。気軽に過去に戻ったせいで、せっかくもらった彼女の連絡先が消えてしまい、結局は彼女を待ち伏せるために毎日、美術館に通ったりする。最終的には力わざでどうにかしているところが好きなんです。一族の男性にこの能力が受け継がれることを教えてくれた父親との会話のなかで、「未来に向かってどう生きればいいかしっかり考えることが、過去へと向かわせるパワーなんだ」というのがあって、とても説得力があると思いましたね。タイムトラベルというSF的なネタを扱いながら、生活感ある物語に落とし込んでいるところがすてきだなあと思うわけです。

――それはありますね。

平松　それに登場人物も魅力的じゃないですか。主演のグリーソンとレイチェルはもちろん、お父さん役のビル・ナイ。グリーソンがロンドンでお世話になる劇作家役のトム・ホランダー。役者がセリフを忘れたせいで、彼の初公演が失敗に終わるのを、過去に遡って助けてあげるエピソードも好きでした。そのおかげで、レイチェルの連絡先が消えてしまうんですけどね。ホランダーの、いかにも英国的なシニカルなユーモアもいい。

——ビル・ナイは、カーティスの作品にほぼ出演してますよね。お気に入りの役者という印象です。

平松　『〜アクチュアリー』のシンガーはかなり印象的ですが、今回のもいいです。本作で映画的に好きなのは、ふたりが仲を深めていくプロセスを、ロンドンの地下鉄構内の一か所に限定して見せているところ。ストリートミュージシャンが演奏している場所を毎日毎日、ふたりが行き来する。ふたつに分岐した通路でお別れして、それぞれの会社に向かうんですよね。その様子を追うことで、彼らの仲の親密具合がわかる。とても映画的だと思いましたね。

——本作も、前回の『三十九夜』もイギリス映画です。平松さん、イギリス映画がお好きなんですか？

平松　イギリス映画を選んで観るようになったのは、クリストファー・ノーランの『ダークナイト』(08)以来。ハリウッドが内輪のもめごとばかりを描くようになり、それに飽きちゃったからなんです。そういう映画のほとんどはイラク戦争のトラウマを描いていますから。そういうハリウッドに代わりイギリス映画を観るようになったら、凄くしっくりくる感じがした。考えてみたら、大好きなヒッチコックも、エドガー・ライトもイギリス人だし（笑）。ちょっと斜に構えたユーモアがツボなんだと思います。

アバウト・タイム
〜愛おしい時間について〜

About Time/2013年/124分/イギリス
監督＆脚本/リチャード・カーティス　出演/ドーナル・グリーソン、レイチェル・マクアダムス、ビル・ナイ、トム・ホランダー

ごく普通の青年だったティム・レイクだったが21歳のとき、父親に一族の男性はタイムトラベルの能力があると告げられる。そこで彼は、ひと目惚れしたアメリカ人女性メアリーとの恋愛を成就させるためにその能力を駆使する。監督は、脚本家からキャリアを始め『ラブ・アクチュアリー』（03）で監督としてもデビューした英国のフィルムメーカー、リチャード・カーティス。本作で監督引退宣言したのだが、その理由は当人曰く「何しろ監督業は疲れる。本当に疲れる。ストレスの塊になるからもう監督はやりたくないというのが正直な話」。そして「本作のビル・ナイとグリーソンのように、息子と浜辺を散歩するような日々を送りたいと思ってこの映画を作った」と語った。

オレの映画3本

『スティング』

『椿三十郎』

『メメント』

INTERVIEW

015

神山健治

PROFILE

KENJI KAMIYAMA

1966年3月20日生まれ。埼玉県出身。アニメーション監督・脚本家。

1985年にスタジオ風雅へ入社。美術・背景スタッフとしてキャリアをスタート。『ミニパト』(02) で初監督を務め、監督およびシリーズ構成を務めたTVアニメ『攻殻機動隊 S.A.C.』シリーズ (02－05) で大ヒットを記録する。その他の代表作にTVアニメシリーズ『精霊の守り人』(07)、『東のエデン』(09)、映画『ひるね姫 ～知らないワタシの物語～』(17) 等。最新作は『ロード・オブ・ザ・リング/ローハンの戦い』(24)

1本目［スティング］

重要なのは脚本なんだ！と気づいた映画

――大の映画ファンとしても知られる監督＆脚本家の神山健治さんに3本を選んでいただきました。まずは『スティング』（73）から。ジョージ・ロイ・ヒル×ポール・ニューマン×ロバート・レッドフォードの『明日に向って撃て！』（69）トリオの再結成が大きな話題となったコンゲーム・ムービーです。

神山　僕が映画に目覚めたのは最初の『スター・ウォーズ』（77）なんですが、その翌年に観た『スティング』で、もしかして映画の本質はこちらにあるんじゃないかと思ったんです。映画には脚本があり、それによって映画の面白さが作られているのではないか。もっとも重要なのは脚本で、それが面白ければちゃんと観客をワクワクさせることができるんじゃないかということ。『スター・ウォーズ』のように派手なアクションがあったり、子供が好きな宇宙船やロボットが出てこなくてもいいんだということに気づかせてくれた最初の映画なんです、『スティング』は。映画って、驚くほど幅広いエンタテインメントなんだということを自覚しましたね。

――それはおいくつくらいでした？

神山　『スター・ウォーズ』が12歳だったので、おそらく13歳とか14歳。TVで観たのが最初だと記憶しています。今回選んだ3本は、僕が脚本を意識して観た作品です。

——神山さんはストーリーテラーと呼ばれていますが、ストーリー＝脚本の重要性に気づくのも早かったんですね。

神山　映画を観始めた当初は『スター・ウォーズ』のような作品を作る人になるんだと思っていたけど『スティング』を観てからは『スター・ウォーズ』のようなSFでありつつ、『スティング』のようなストーリーがしっかりした映画を撮ってみたいと漠然と思うようになりましたね。

——『スティング』はその年のアカデミー賞で脚本賞を獲得。ライターはデビッド・S・ウォードというシナリオライターです。

神山　この脚本は、オスカー獲得も納得の完成度。もうパーフェクト。本当に落ち度がない！　普通、この手のコンゲーム系の映画って、ネタばらしの段階になると、そこの説明はなかったよね、みたいな突っ込みどころが必ずあるじゃないですか。でも『スティング』はそれがない。タイトル、テーマ、ストーリー、129分の上映時間のなかで描かれたすべてが関連しているのに、観客がそれに気づくのは映画が終わったとき。無駄なものは一切ない、本当にパーフェクトな映画。一番凄いのは、観客まで騙すところ。だから観客は最後「ウッソー！」と驚いて映画は終わる。

——確かに騙されますよね。

神山　観客を騙すためのシーンがちゃんと劇中で描かれているんです。最後、レッドフォードがニューマンに銃で撃たれ、口から血を流して倒れますよね。その前にちゃんと、レッドフォードが口に血のりを仕込んでいるカットがあるんです。

——ありましたっけ？

神山　あるんです。もちろん、ニューマンと徐々に不仲になるのもお芝居なわけですけど、ふたりだけのときにそういうことをしたらおかしいでしょ？　だから彼らが顔を合わせるあるシーンでは、このまま会話が続くとミスリードするためだけにやっていることになるので、クラブのママを登場させ、その会話を終わらせるという仕掛けになっています。レッドフォードが身支度しているシーンでは、彼が口に血のりを入れてますからね。つまり、すべてが計算されている。

——それでいうなら、あの殺し屋もそうでしたね。

神山　そうそう。最初から「サリノ」というすご腕の殺し屋がいるという話が出ていて、それがどんな人物なのかはわからない。そういうなかでレッドフォードがダイナーのウェイトレスと仲良くなりベッドを共にする。でも、翌朝、彼女が消えてしまい、どうしたのかなと思っていると、路地の向こうから彼女が近づいて来る。すると、レッドフォードの背後にいた怪しげな男が発砲し、彼を殺すのかと思えばウェイトレスを殺す。実はそのウェイトレスがサリノという殺し屋で、怪しげな男のほうはニューマンがつけてくれた護衛だったということがわかる。ならば当然、昨晩殺せばよかったのにという突っ込みが入るわけだけど、彼女が部屋にレッドフォードを入れるところを隣のおばさんが目撃していたので危険を冒さなかったという設定になっている。すご腕だからこそパーフェクトを目指すというわけですよ。ここでもすっかり騙されるんだけど、脚本はしっかりフォローできている。

——サリノはさておき、そういうの、1回観ただけじゃなかなか気づきませんよね。

神山　口に血のりを忍ばせているのは2回目か3回目で気づきました。1回目はやはりラストにびっくりですよ。えー！　ふたりとも死んじゃうの⁉　僕が知る限りでは、〝死にオチ〟は『スティング』が初めてなんじゃないかと思っているんですけどね。パチっとレッドフォードが目を開け、ニューマンがむっくり起き上がって「なんだ、ウソだったのか」となる。観客は本当にびっくりですよ。

——ラストはそうですよね。

神山　僕は本当にこの映画に魅了されてしまった。実のところリアリティは薄いと言ってもいい。チャプター式だし、撮影もセットがほとんど。本当に舞台みたいな感じ。にもかかわらず、世界が広がってみえる。なるほど、これが映画の正体なのかもしれないと思ったんです。脚本で仕込まないといけないし、そのホンをより強化するためにはシーンごとに疑問を提示し答えを出す。それがカット単位でも起きているのが『スティング』なんです。これが映画の基本的なパターンかもしれないけど、そのわりにはとてもハイブロウなことをやっていると思ったんです。

——なるほど。

神山　僕はこれをニューシネマの1本だと思っている。ジョージ・ロイ・ヒルの映画では『明日に向って撃て！』と同じくくりですよね。

実は僕にとってロイ・ヒル監督はヒーローなんです。火星に行くとき3本だけ映画をもって行っていいと言われたら彼の作品を選びます。この『スティング』、『明日に向って撃て！』、そして『華麗なるヒコーキ野郎』(75)です。この3本は僕流にいうと〝時代に間に合わなかった男たちの物語〟。3本に共通しているのは、その時代の体制にケンカを売っているのに、自分の人生においては間に合わなかった男。『華麗なるヒコーキ野郎』なんて、タイトルを口にしただけで目頭が熱くなるくらいで。

——神山さん、私も大好きです！

神山　本当にいいですよねー。でも、不思議なんですが、これだけ傑作をたくさん撮った監督なのに、今語る人がほとんどいなくないですか？　監督のなかには、ずっと語り継がれる人がいる一方、いい作品を撮っていながらロイ・ヒルのように忘れられたような人もいる。僕は忘れてはいけない監督だと思うんですが。

——ロイ・ヒルは『明日に向って撃て！』でアカデミー監督賞にノミネートされ、『スティング』で受賞しています。考えてみれば『ガープの世界』(82)もあるじゃないですか！

神山　そうなんです。あれも話題になったし、いい作品だったのに。僕としては、そこにある種の陰謀を感じなくもないんですが、それはまた今度（笑）。

スティング

The Sting/1973年/129分/アメリカ
監督/ジョージ・ロイ・ヒル　脚本/デビッド・S・ウォード　音楽/スコット・ジョプリン、マーヴィン・ハムリッシュ　出演/ポール・ニューマン、ロバート・レッドフォード

1936年のシカゴ。詐欺師のフッカー（レッドフォード）は図らずも大物ギャング、ロネガン（ロバート・ショウ）の金に手を出し、彼の仲間が殺される。復讐を誓うフッカーは、ベテランのゴンドーフ（ニューマン）を訪ね、チームを組むことに。フッカーは復讐、ゴンドーフは大金を巻き上げるためだった。第46回アカデミー賞で作品賞、監督賞等10部門でノミネート。作品賞、監督賞、脚本賞等、7部門で受賞した。監督のジョージ・ロイ・ヒルは90年ころからパーキンソン病を患い映画製作からは離れ、2002年、81歳で永眠。その他の代表作に『スローターハウス5』(72)、『スラップ・ショット』(77) 等がある。

2本目［椿三十郎］

脚本と演出でここまで面白くできるという驚き

――神山さんの2本目は黒澤明の『椿三十郎』（62）です。今回、選んでいただいた3本のポイントは〝優れた脚本〟。お金をかけずとも面白い作品が生まれるのは優れた脚本によるもの、という映画です。

神山　黒澤明の映画、いわゆる〝ザ・クロサワ〟的な作品は普通、『七人の侍』（54）や『用心棒』（61）、『隠し砦の三悪人』（58）になる。それに比べると『椿三十郎』は明らかに予算は少なく、小粒な印象。シチュエーションものなので舞台は屋敷のなかが多く『用心棒』ほどのオープンセットも組んでいない。僕も最初は、前作の『用心棒』に比べるとスケール感も小さいし、豪華なセットもなくアクションも少ないと思っていたんですが、そういうネガティブな要素を知恵とアイデアだけで次々とクリアしていくものだから驚いたんです。なるほど、脚本と演出だけでここまで面白い映画が作れるんだということに、またも気づかされたことになる。

――アクションも驚くほど少ないですよね。

神山　アクションと言えば、最後の一騎打ちと、途中に用意されている13人斬りのシーンくらい。脚本と演出だけでこれほど惹きつけられることを、まざまざと見せつけられたわけです。

ただし、三船敏郎と仲代達矢の最後の一騎打ち、あれはまさに瞬殺なのでめちゃくちゃインパクトがある。あのアクションは本当に凄い。脚本ではなく演出の力です。そのシーンはある程度、役者さんにお任せだったと聞いています。もちろん、三船敏郎が勝って、仲代達矢が負けるのは決まっていたけれど、三船敏郎には刀の抜き方については何も言ってなかったそうです。いかに早く抜けるかが重要だったので、上段に構えずそのままずっと抜いて斬る。そうすると血が一瞬で噴き出る。結果、ちょっと出過ぎたらしいですが、インパクトはより強くなっている。あのシーンの詳細は加山雄三たち若侍には教えてなかったそうなので、彼らの驚いた顔は演技じゃないんですよ。血が噴き出したので、もしかして本当に斬っちゃったと思ったくらいだったそうです。凄いのは、それでも演技を続けたこと。声を上げたり助けようとしたりせず、カットがかかるまでちゃんと演技していたせいで一発OKだったと聞きました。そういうライブ感も伝わるのがあのシーンですよね。

――コメディ部分はどうでした？　黒澤作品でこういうコメディは珍しいですよね。

神山　あの時期では珍しい。三十郎がいろんなアイデアを思いつくも、若侍たちがことごとく足を引っ張る。若侍を演じているのは加山雄三と田中邦衛というのちの〝若大将コンビ〟をはじめ後年、名を成す人が集められていて、彼らの間抜けっぷりがかわいくもありコミカル。でも、一番はやはりあの母娘というか奥方です。本当に絶妙でした。さすがの三十郎もあのおかあさんには頭が上がらない。「あなた、そんな乱暴なことをなさっては」とおっとりしまくっているのに、人間を観る洞察力は凄い。三十郎のことをちゃんと見抜いて「あなたは抜き身の刀みたい」と言うんですが、このセリフを観客に響くよう誰に言わせるかが大きな問題。自分で言うのはあり得ないし、若侍にそんな洞察力はない。そうなるとやはり奥方になる。なにせ最後に三十郎がその言葉を繰り返して「奥方の言ったことは正しい」と言いますからね。だから若侍たちも彼女を尊敬するんです。

――彼女の旦那さんも出番は少ないけれど重要な役でした。

神山　ことの発端は、若侍たちがその家老を信用できないというところから始まっている。彼がおっとり奥さんの旦那で、最後に出てきて、ああ、なるほど、これだと若侍の気持ちもわかると笑いがもれる。馬面で間抜けっぽいルックス、着物の着方もだらしないですからね。でも、彼も奥方同様、実はちゃんとしているわけです。

1作目の『スティング』もそうですが、この映画も舞台で再現できると思いました。逆に舞台で表現できないとしたら、それはやはり複雑すぎて映画でやる場合も困難になるのだろうか……なんてことを考えつつ楽しんだんです。

——黒澤作品でもっとも好きなのも『椿三十郎』なんですか？

神山　それを問われると『七人の侍』なんですけどね（笑）。そのころの黒澤作品はほとんどコメディ要素はなくシリアスな印象が強い。リアリズムではないけれど、凄くリアリティを感じさせる演出作品が多かったのに『椿三十郎』で一転、これはコメディじゃないのって。コメディ要素が少し入るだけで映画がとても豊かになると感じた作品でもありましたね。

続編を考えていたという記事を読んだことがあって、それもとても面白そうだった。海辺の松林から逃げてくる男を椿三十郎が助けると、何と勝海舟だったという話。そのころには椿五十郎か六十郎になっているかもしれませんが（劇中で「椿三十郎、歳はもうそろそろ四十郎」と名乗るセリフがある）、実は彼も幕末に関わっていたという話にしたかったのかもしれない。これが正しい情報なのかはわからないんですけど。

——それは確かに面白そうです。

神山　実のところ、黒澤の映画って演出で憶えている場合が多いんです。『羅生門』（50）もあの大きな羅生門のセットを捉えたファーストカットで魅了されるし、『赤ひげ』（65）は、咳き込む患者を加山雄三扮する若い医者が見守るだけで何の説明もないのに、次に起きることがわかるという見事な演出になっている。座敷牢の娘の狂気を描く場合にも素晴らしい演出が光っていた。つまり、そういう要素がほぼなくても面白いのが『椿三十郎』ということです。

この映画は、僕のスタイルに影響を与えたと思います。というのも初めての監督作『SAC』(『攻殻機動隊 STAND ALONE COMPLEX』〈02～03〉)のとき、スタッフも少なく、できることが限られていたのでアイデアを搾り出し、視聴者をいかに驚かせるかを考え、カットの順番、疑問とその答え、シーンや物語を熟考して、派手なシーンやSF的な大仕掛け等がなくても面白い作品が作れるという信条のもとに作ったんです。脚本家の方には疑問があってその答えを出すように頼んだし、もしできてない場合は自分で手を入れたりした。最初に疑問を投げかけ、それを解いていくのは、これが刑事ものだからです。先にこれから起こることを説明しないで、疑問→答えの順番を守る。説明できないことがあっても、最後に用意したサプライズがすべてを忘れさせてくれるからって。

——あの瞬殺のラストシーンみたいに、ですね。

神山　そうです。そういうヒントをくれた映画なんです。いい影響なのか悪い影響なのか、わかりませんけどね(笑)。

——『椿三十郎』は07年にリメイクされました。三船敏郎→織田裕二、黒澤明→森田芳光という布陣でしたがご覧になりました?

神山　脚本はオリジナルを使っているせいか、ほぼ同じだったと思います。ラストは黒澤版同様、一対一なんですけど、もっと乱闘するのであの一瞬で血が噴き出るインパクトはない。もちろん、三船敏郎と織田裕二の違いも大きいし、カラー作品になっていて、同じ脚本とはいえ、まるっきり違う映画でしたね。

——ヒッチコックの『サイコ』(60)をガス・ヴァン・サントが98年にそのままリメイクしたのと似てるんでしょうか。あれはオリジナルの劣悪なカラーコピーという感じでしたけど。

神山　そうかもしれない。彼の『サイコ』、シャワーシーンのカット割り等、まるでヒッチコック版と同じでしたからね。名作・傑作といわれる作品のリメイクを作るときは、オリジナル以上のものにはほとんどならないので、そういうアプローチになってしまうのかもしれません。

椿三十郎

1962年/96分/日本/黒白
監督＆共同脚本/黒澤明　共同脚本/菊島隆三、小国英雄　出演/三船敏郎、仲代達矢、加山雄三、小林桂樹、志村喬、入江たか子、団令子、伊藤雄之助

次席家老による藩内の汚職を告発しようとする若侍一同は、その協力者と落ち合うため社殿に集まる。そんな彼らの会話に耳を傾けていたのは、そこで寝ていたひとりの浪人だった。危なっかしい若侍らを助けるハメになった浪人は名前を問われ、椿三十郎と名乗る。前年に撮られた『用心棒』（61）で三船が演じたのは桑畑三十郎で、本作では椿三十郎。そのため“続編”といわれることもあるが、『用心棒』は主人公も作品自体もシリアス、本作はかなりコミカルと大きく違っている。また、時代的には『用心棒』は幕末、『三十郎』は江戸の設定だという。最後に三船敏郎が闘う相手は2作とも仲代達矢で、『三十郎』は瞬殺だが『用心棒』はしぶといのが特徴的だ。

3本目［メメント］

これまで、もっとも見ているかもしれない1本

――神山さんの3本目は、今をときめくクリストファー・ノーランの長編2作目『メメント』（00）です。わずか10分で記憶が消滅してしまう記憶障害を抱える男が、妻殺しの犯人を捜すサスペンスです。ノーランはこの作品で注目されました。

神山　『メメント』も脚本の力です。弟のジョナサン・ノーランの短編を映画化した、ほぼノーランのデビュー作と言っていい。もちろん、予算は少ないわけですが〝短期記憶〟という障害を使うことで面白いサスペンスになった。

本作の主人公は10分しか記憶を保てないので、ポラロイドやメモ、果ては身体のいたるところにタトゥーを彫って補おうとする。自分の奥さんを殺した犯人を、自分の障害を逆手に取って捜していく。韓国映画でも、そういう記憶が消えていくというラブストーリーがあったけど、そういう障害は観客にとってもっとも想像しやすいから、いろんな切り口の作品が生まれるんでしょうね。

ノーランの場合は、それをクライムサスペンスに使った。

――久しぶりに観直したんですが、相変わらずよくわからない（笑）。

神山　僕は何度も観直していて、自分のなかでもっとも観ている映画なんじゃないかな……おそらく20

回は観ているると思います。これもチャプターに分かれていて、舞台も自分が泊っているモーテルと犯人捜しをしている場所ばかりだし、登場人物も少ない。だから舞台でも上演できる小規模な作品ですよね。それを補っているのが、やはり脚本と物語。記憶が消えていくので、メモや写真、タトゥーをもとに時間を辿り、どんどん過去に遡って犯人を見つけようとする。じゃあ、チャプターを逆に再生したら順行になるわけだから犯人もわかるのではと思ってそうしてみたんですが、ストーリーがつながらなかった。ということは、脚本も順行に書いたのを逆行させたわけではなく、最初から逆行で書いているということになる。ノーランは、この順行と逆行を黒白とカラーで使い分けている。

──奥さんを殺した犯人、わかりました?

神山　いや、イマイチ確信がもてない。誰だと思いました?

──私はガイ・ピアース扮する主人公かなって。彼が短期記憶の例として挙げるサミーという男は実は主人公のことと読んだんですが……。

神山　確かにそういうふうに匂わせてはいるんですが、映像では見せていないんです。そもそも証拠もない。奥さんが殺されるときに、床に倒れながら犯人を見るワンカットがあるので、主人公が犯人とはいえないとも思える。僕も彼が犯人の可能性が高いとは思うんですが、映画では描かれていないんです。たぶん、原作や脚本にも書かれてないんじゃないかな。では、何が描かれているかというと、主人公がこの犯人捜しを永遠に続けること。もしかして犯人はオレかもしれないけど、記憶を失い、妻も失っているので、オレはこれを一生やろうと決める。ただ、映画の最後にそう決心するものの、果たしてそれが初めての決心なのか3回目なのか、あるいは10回目なのかはわからない。本作も、次はどうなるのかということを匂わせて終わっている。実は永遠にループする話なんですよ、この映画は。

──なるほど! そう聞くと、ますますノーランっぽいですね。彼の作品ってラストをはぐらかすのが多くないですか? 『インセプション』(10)もそうですよね。コマが倒れるのか倒れないのか、観客は固唾をのんで見守るんだけど、判明する前に終わる。ノーランのインタビューを読んだら、そのコマより、主人公がコマを気にしなくなったことが重要だと言っていたので、今の神山さんの解説と重なっちゃいました。

神山　一番上手くいっているのは『インセプション』だと思います。コマが倒れたら現実、ずっと回り続けたら夢。主人公はいつもそれを見て状況を判断していたけど、あのラストはそれを気にせず子供たちの声のするほうに行く。彼のその心情の変化こそ重要だというわけですよね。『メメント』も犯人が誰かよりも、犯人捜しをループするという目的を見つけたことが重要なんです。

——今わかりました（笑）。

神山　ノーランはとても映画ＩＱが高い人なので、ときおり観客がおいてけぼりを喰らってしまう。ノーランにしてはもっともわかりやすい映画だと思う『オッペンハイマー』（23）にしても、普通だったらモノクロが過去、カラーが現在になるのに逆でしょ。じゃあ、どういうふうにしてモノクロが現在だと観客にわからせるのかといえば、ロバート・ダウニー・Ｊｒ．の髪の毛の数なんですよ。明らかにモノクロのほうが少なくなっているから。めちゃくちゃわかりにくいんだけど、一番大きな違いは彼の髪の毛です。

——えーっ！　それは気づかなかったかも（笑）。

神山　でしょ（笑）。僕は劇場で3回観ましたから。史実を基にしているし、サスペンス的なことはほとんど起こらないのに、ちゃんとサスペンス映画としての面白さがあるところが不思議というか凄いというか。でもこれ、ノーランにしては製作費は低いほうだったのでは？

——一番高い製作費は『ダークナイト ライジング』（12）だと聞いたことがありますね。ただ、次回作の『オデッセイ』はそれを上回るだろうと言われていますね。

神山　『オデッセイ』って、あのギリシャ神話に出てくる英雄ですか？　ノーランって、かつての大監督や巨匠と呼ばれた映画人が撮っていたような作品を選んでますよね。戦争映画、ハードＳＦときて今度はギリシャ神話。時代劇スペクタクル巨編と想像しますが、蓋を開けたら手つきが違う可能性も大いにある。ノーランだから（笑）。

——今回のお話を伺って、後年のノーランっぽい要素が『メメント』にはしっかり含まれているんだなと思いました。低予算で作っただけで。

神山　『メメント』も、予算が少なくても面白くスケールのある映画が作れることを僕に教えてくれた作品です。今回の3本、『スティング』『椿三十郎』、そして本作に魅了され脚本の魅力に気づかされたせいで、お金をかけた絵でみせる映画よりも、予算がないとかミニマムに作らなきゃというプロジェクトのほうに目がいってしまう。僕にとってはそっちの映画のほうがインパクトが大きく、監督になったときの夢である〝『スター・ウォーズ』のような作品〟はまだ撮れてないんですよ（笑）。

メメント

Memento/2000年/113分/アメリカ
監督＆脚本/クリストファー・ノーラン　原作/ジョナサン・ノーラン　出演/ガイ・ピアース、キャリー＝アン・モス、ジョー・パントリアーノ

かつて保険の調査員をやっていたレナードは、妻を殺され、そのとき自分も頭部に損傷を受けたせいで10分間しか記憶をキープできない短期記憶障害を抱える。そのため、彼が泊るモーテルにはメモとポラロイド写真を、自分の身体にはタトゥーを刻んで記憶を補完しようとしていた。レナードは妻殺しの犯人を見つけようと犯人を追うが……。ノーランが弟のジョナサンの短編小説を映画化。映画は終わりから始まりへと逆行するかたちで構成されている。インディペンデントの製作で難解にもかかわらず口コミでヒット。全米のボックスオフィスでも８位にランクインした。アカデミー賞では脚本賞と編集賞にノミネートされ、ノーランがブレイクする大きな契機となった。

オレの映画3本

『マルサの女』

『アマデウス』

『オール・ユー・ニード・イズ・キル』

INTERVIEW

016

本田雄

PROFILE

TAKESHI HONDA

1968年3月12日生まれ。石川県出身。アニメーター。

アトリエ戯雅で動画デビュー後、弱冠22歳でTVシリーズ『ふしぎの海のナディア』(90－91) の作画監督に抜擢。おもな参加作品にキャラクターデザイン・作画監督を務めた『千年女優』(01)、総作画監督を務めた『ヱヴァンゲリヲン新劇場版：Q』(12) 等。スタジオジブリ作品では『崖の上のポニョ』(08) で宮崎駿監督作品に初参加、『君たちはどう生きるか』(23) で作画監督を務めた。

1本目［マルサの女］

めちゃくちゃかっこいい！山﨑努のラストシーン

――本田さんの1本目は日本映画の『マルサの女』（87）です。伊丹十三が監督した大ヒット作。当時は〝マルサ〟という言葉が流行になったほどだったと記憶しています。

本田　僕も「マルサ」という言葉が国税局査察部（マル査）を意味しているというのはこの映画で知りました。そういう人、多いんじゃないかな。

――私は今回、初めて観たんですが、主人公の宮本信子は最初は税務署にいて、その手腕を買われて国税局にヘッドハンティングされるんですね。

本田　おそらく時代的に考えて、女性がそういうかたちで出世することは珍しかったんじゃないですか。国税局に女性は彼女だけだったし。そういう要素も面白いと思いましたが、僕が今回の1本に挙げた一番の理由は役者たちの演技。彼らを観ているだけでめちゃくちゃ面白い。実のところ、役者の演技に感心した初めての映画でもあるんです。やっぱり伊丹十三が役者でもあるので、とりわけ演技にはこだわりがあるんだと思う。それぞれの役者に注文があったと聞いているし、津川雅彦はこの映画で演技開眼したという説もあったほど。そういうつもりで観ると、この作品のあとの彼の演技、似た感じなんですよね。晩年は歳のせいで偉い人ばかり演じていたからちょっと違うけど。

——確かに、今の役者に比べて、昔の役者は本当に上手いなと思いましたね。もう格が違うくらい。

本田　ですよね。もちろん、上手い人ばかり揃えているんですけど、脇の脇に至るまで本当に上手い。マルサに目を付けられるラブホテルの経営者、山﨑努は言うまでもなく、宮本信子の上司、津川雅彦と小林桂樹、ちょっとしか顔を出さないパチンコ屋の社長の伊東四朗、同じく銀行の営業課長の橋爪功……たとえ出番が少なくてもちゃんと爪痕を残している。小林桂樹がラブホテルのオーナーのふりをして電話するところなんて最高ですよ。しかもみんな、とても個性的なのに鼻もちならない感はゼロ。

——昨今の邦画にありがちなゲスト出演の役者とはレベルが違い過ぎる。

本田　そういう役者たちはこの作品が作られた87年ではもうベテランだったので、現在はほとんどの方が亡くなっている。今、観直すと、芸達者な役者が日本の映画界から消えてしまったような印象さえしますから。大林宣彦の『女ざかり』(94)もキャストが本作と被っていて、上手い人がたくさん出演している。この映画の津川雅彦も素晴らしいし、総理大臣役の山﨑努もいい味。三國連太郎も岸部一徳もよかった。主演の吉永小百合が珍しく色っぽいのにも驚いたんです。

——本田さんが一番気に入った役者は？

本田　やっぱり山﨑努になる。あの手この手でとことん脱税するんだけど、家に帰れば高校生の息子の将来を心配するいい父親。脚を引きずるのも演技のいいアクセントになっている。そして、最後の競技場での宮本信子とのやりとり。「あんた、オレのところに来ないか？」

敵ながらあっぱれだったからこそ口にするんだけど、それをゆっくりと喋るのがまたいい。そして自分の指を切り、その血で最後の暗証番号を書き、去って行く……もうめちゃくちゃかっこいい！

——伊丹十三の映画はたくさんありますが、それらを観た上でやっぱり『マルサ』なんですね？

本田　伊丹作品は『お葬式』(84)、『タンポポ』(85)と観ていて、そのあとが『マルサ』。彼の映画はちょっとしたブームになっていたけど、やっぱり『マルサ』が一番。『マルサの女2』(88)も面白かった。でも、『ミンボーの女』(92)『スーパーの女』(96)等はイマイチかな。そういう〝女シリーズ〟の主人公はみんな宮本信子で、彼女は伊丹監督の奥さん。彼女の存在を知ったのも『マルサ』が最初だった。

——あ、私もそうです。

本田　『マルサの女』は邦画で一番好きかもというくらい気に入っている。お話が新鮮な上に面白いし、何度観ても飽きない。役者の演技がいいからなんだと思うけど、やっぱり山﨑努。ラストシーン、彼が去って行く後ろ姿にあのテーマ曲(本田俊之)が被る。シビれるくらい大好き(笑)。

マルサの女

1987年/127分/日本
監督&脚本/伊丹十三　出演/宮本信子、山﨑努、津川雅彦、橋爪功、大地康雄、芦田伸介、小林桂樹、小沢栄太郎、岡田茉莉子

国税局査察部（通称・マル査）に勤務する女性査察官と脱税者の戦いを、コミカルかつシニカルに描くサスペンスドラマ。役者として日本のみならずハリウッド映画でも活躍していた伊丹十三は51歳のとき『お葬式』（84）で監督デビュー。以来、亡くなる64歳まで10本の作品を撮ったが、そのなかでももっとも有名で大ヒットしたのが『マルサの女』だった。第11回日本アカデミー賞では最優秀作品賞、監督賞、脚本賞、主演女優賞（宮本信子）、主演男優賞（山﨑努）等、主要部門を独占した。伊丹十三のおもな出演作は『家族ゲーム』(83)、『瀬戸内少年野球団』(84)等。ハリウッド映画には『北京の55日』(63)、『ロード・ジム』(65）がある。

2本目［アマデウス］

天才に対する、サリエリの嫉妬と憧れが切ない

――本田さんが選ばれたもう1本は『アマデウス』(84)。大ヒットしたピーター・シェーファーの舞台劇を『カッコーの巣の上で』(75)等で知られるミロス・フォアマンが映画化し、こちらも大ヒットしました。タイトルはモーツァルトの名前ヴォルフガング・アマデウス・モーツァルトからで、彼の才能に激しく嫉妬する宮廷楽師のアントニオ・サリエリの目を通して彼の人生が描かれます。

本田　最初に観たのはTVの洋画番組だったんです。おそらくカットされているんだろうけど、とても面白くて驚きましたね。何が面白いってサリエリですよ。天才に対する凡人の嫉妬と憧れ、それが共存している感じ。初めて観たときはこの業界に入っていなかったけど、その気持ちはわかった。入ってからはますますわかる(笑)。

――確かに日本のアニメ業界には宮﨑駿さんを筆頭に、天才と呼ばれる人たちがいますが、本田さんはそっちのほうでは？

本田　それは絶対違います。僕は凡人です。天才がごろごろいるのがこの業界ですから。宮﨑(駿)さん、安彦良和さんは天才。アニメーターでは、今はジブリにいる井上(俊之)さん、あとは沖浦(啓之)くんとか。挙げ出したらキリがない。僕の場合は運がよかっただけ。すべてはたまたまです。

そういう僕からみたら、サリエリの卑屈な感じがよくわかってしまう。人間性は認められないけど、モーツァルトが奏でる音楽は大好き！　あれが僕たちにも通じること。アイツは大嫌いなんだけど、やっぱり凄いんだって。

――わかるような気がします（笑）。

本田　サリエリがヨーゼフ2世が来るときに歓迎のマーチを作曲する。それを階下で聴いていたモーツァルトの頭にはその曲がすべて入っていて、一度その通りにピアノを弾いてみせるんだけど、ここがおかしいと言いながら随所に手を入れていって、まるで違う曲にしてしまう。天才であるが故にめちゃくちゃ性格が悪い。以来、サリエリはモーツァルトを目の敵にする。会っているときはいい人だけど、お腹のなかにはどす黒いジェラシーが渦巻いているんです。

――最後のエピソードもとても印象的ですね。

本田　あのエピソードも大好き。死にそうなモーツァルトが口ずさむ曲をサリエリが音符に移し替えるんですが、その〝神〟に代わって音を楽譜に書き留めるというので、めちゃくちゃ嬉々としている。彼のあんな幸せそうな表情はこのラストだけですよ。病気のモーツァルトが「少し休もう」と言うと「何？私は全然平気だ」と言う。神の声を楽譜に写している、それだけで嬉しいという気持ちがダイレクトに伝わってくる。サリエリの音楽への愛情も伝わってきて、彼を嫌いにはなれない。彼は幸か不幸か、神の曲を理解する能力だけはもっているということですよね。

――そうですね。モーツァルトが天才でありつつお子様なので、彼が正義というふうにも描いていない。

本田　あの甲高い笑い声がカンに触るし、性格は享楽的。自分の好きなことばかりやって、相手の気持ちを考えることはしない。自分の凄さ、自分が天才であることもわかってますからね。本当は宮廷楽長になりたかったんだけどそれは叶わず、大衆演劇等をやって稼いでいた。いつもお金に困っている印象でした。才能と性格は一致しないし、才能と懐具合も一致しないことがよーくわかる。

とはいえ当時、サリエリのほうがいい地位にいたのに、彼の曲は残っていない。残っているのはモーツァルトのほうですよ。クラシックに明るくなくても、ちょっと聴いただけでモーツァルトとわかるような有名な曲をたくさん残している。僕は「トルコ行進曲」が好きなんですけどね。処世術に長けた人が出世して、才能ある人は握りつぶされる……そういうのは今でもあります。だから古くはならないいんでしょうね。

――そういうのはアニメ業界でもありますか。

本田　握りつぶすなんてことはないと思いますが、とても上手いにもかかわらず前に出たがらない才人は結構いますね。確実に僕より描けるのに、なぜもっと前に出ない？　と思うことはある。そういう人の多くは目立ちたくない人。作監とかやっちゃうと、インタビューとか受けなきゃいけないので、それはちょっとという人はいます。

この業界は、描くのが好きでアニメーターになった人ばかり。有名になりたい人はそもそもアニメというジャンルを選ばないと思います。そういう人は監督を目指すんじゃないでしょうか。監督をやっちゃうと絵を描かせてもらえないこともあるので、絵を描きたい人は嫌がることも結構ありますから。それはアニメ業界のみならず、モノづくりの業界ではあることなんだと思います。

――本田さん、『アマデウス』どれだけご覧になったんですか？　相当観てますよね。

本田　観てます（笑）。最初はＴＶでオンエアされたのをビデオに撮って繰り返し観ていました。そのときの日本語吹替の声優が僕のなかでデフォルトになっちゃったところはある。モーツァルトが三ツ矢雄二で、サリエリが劇団四季の日下武史。このふたりが素晴らしかった。三ツ矢さんはちゃんと彼のけたたましい笑い声も再現してましたから。もちろん字幕版のＤＶＤも買っていますが、最近、この吹替バージョンがＢＤでリリースされたので購入したんです。カットされていた部分を新たに収録しているんだけど、サリエリの日下さんの声がすっかりおじいちゃんになっていて、まるで違っていた。残念ですが仕方ない。

ときどき、仕事しているときに流しながら観ることもあるくらい。やはりサリエリを主人公にしたことが勝因ですよね。自分たちの視点が彼と重なることで生まれる面白さがある。いや、本当に天才をねたむサリエリが切なくって（笑）。

アマデウス

Amadeus／1984年／158分、180分（ディレクターズカット版）／アメリカ
監督/ミロス・フォアマン　脚本＆原作/ピーター・シェーファー　出演/F・マーリー・エイブラハム、トム・ハルス、エリザベス・ベリッジ、ジェフリー・ジョーンズ

1823年の11月。自殺を図ったことで精神病院に運ばれたサリエリ。彼が神父に語ったのは驚くべきことだった――。オーストリア皇帝ヨーゼフ2世に宮廷楽師として仕えるサリエリは幸せを噛みしめていた。そんな彼の前に現われたのはヴォルフガング・アマデウス・モーツァルト。自由気まま、礼儀も知らない男だが、音楽の才能だけは紛れもない天才だった。彼の創る曲に比べると私の曲は……サリエリの嫉妬にまみれた葛藤と苦悩が始まる。アカデミー賞では作品賞、主演男優賞（エイブラハムとハルスがWノミネート）等10部門でノミネート。作品賞、監督賞、エイブラハムの主演男優賞、脚色賞等８部門で受賞し、84年を代表する作品となった。

3本目

［オール・ユー・ニード・イズ・キル］

トムがニコっと笑うラストシーンが大好き

——3本目は『オール・ユー・ニード・イズ・キル』(14)です。原作は桜坂洋のライトノベル『All You Need Is Kill』。それをハリウッドが実写映画化し、何と主演を張ったのはトム・クルーズでした。

本田　これも大好きですね。わりと一番繰り返し観ている映画。ラノベから漫画、それからこの実写映画という順番で、僕が最初に観たのは7〜8年前くらい、隣の席の人にDVDを借りてでした。すっごく面白くて、アニメのイベントでフランスに行ったとき、往復の飛行機のなかでずっとこればかり観ていた。まさにループして観ていたわけです(笑)。

——どこがツボだったんですか？　もしかしてトム・クルーズ扮するケイジが何度も殺されるところ？

本田　っていうか、主人公のケイジが最初なさけないじゃないですか。軍に属しているとはいえ、戦闘経験のない報道官で、危険な任務から逃げたくてしょうがないあまり、指を切っただけで失神するなんて言っている。そんな状態のなか、使い方の説明もないまま無理やりアーマーを装着させられる。どうやって使うの？　味方に銃弾が当たったらどうする？　セーフティがついているから大丈夫。じゃあ、そのセーフティの解除は？　誰も答えてくれないのに前線に送られる。そういう事態をループするようになったのは、ケイジがエイリアン、それもアルファという特別なエイリアンの血を浴びてしまったから。ケイジはエイリアンの正体であるオメガのパワー、時間をループする能力を得たのでそれを駆使してエイリアンの侵攻を防ごうとする。ただし、そのためには毎日死に続けループを繰り返さなければいけない。彼を殺すのは、かつて同じ能力をもっていた戦場の女神と謳われている女性戦士のリタ。それを続けていくうちにケイジは徐々に〝漢〟になっていく。リタを演じた女優さんもめちゃくちゃかっこいい。

――イギリスの女優さん、エミリー・ブラントです。

本田　彼女は最高。ケイジが否が応にも戦場に送られ、失敗するとリタにリセットされ、それを何度も繰り返すという地獄のような状況が面白く、繰り返してもリタのほうに記憶はないという設定ながら、ふたりが徐々に心を通わせていく演出もイイ。最後にケイジが、最初と同じように訓練しているリタのところに行きニコっと笑うシーンで終わり。あのラスト、大好きです。

――本田さん、『マルサの女』（87）もラストがよかったとおっしゃってましたが、いいラストが好きな映画の条件のひとつなんですか？

本田　そうかもしれない。ラストがちゃんと締まっている映画が好きなんだと思います。例えば『君たちはどう生きるか』（23）のラスト。少年がドアを閉めて部屋を出て行くだけですよね。作業しているときは、こんなにあっさりしたラストでいいのかなと思っていたんですが、出来上がったときは凄くグッときた。自分が関わった映画で、これだけ感情移入できた作品は初めてなんですが、その理由のひとつにはこのラストがある。

――さりげないけど彼の成長が伝わるラストでした。

本田　ラストでいうと、スティーブン・キングの原作を映画化した『ミスト』（07）は凄かった。違った意味で強烈でした。自分があの父親の立場なら、もう生きていけないですよ。すでに奥さんを亡くしていたけど、あのスーパーマーケットから脱出したときは〝家族〟が出来上がっていたわけじゃないですか。後部座席にじいちゃんとばあちゃん。隣には本当の自分の息子と、彼を抱いている教師のおばさん。

そのままだったら幸せな家族になっていたんですよ。でも、このままモンスターに殺されるよりいいからということで、自分でみんなを殺し、最後に自分も死のうとした瞬間、霧（ミスト）のなかから軍隊がやってきて、自分の過ちを突きつけられる。あれは強烈すぎました。

——あのラストのおかげで、いまだに語り伝えられる映画になったという感じですよね。

本田　僕が聞いたところによると、あのラストは当初ダメ出しを喰らったらしいんです。そこで（監督&脚本の）フランク・ダラボンが「これ以上のラストを用意してくれれば私は諦める」と言ったんですが結局、あれ以上のラストは出てこなかった。あの強烈さに値するエンディングなんてありませんよ。

——そうですね。

本田　同じトム・クルーズでいうと『宇宙戦争』（05）のラストも好きです。最後、トムが幼い娘を別れた奥さんの元に届けると、ひとりだけポツンと残される。そこに息子が走って駆け寄りハグしてくれる。あのラストも大好きですね。

実は今回、この3本を選ぶときに、好きな映画をピックアップしたんです。150本はありましたね（笑）。王道ともいえる『2001年宇宙の旅』（68）とか、B級の『スペースバンパイア』（85）。これもちぐはぐなエンディングが印象的だった。サントラもちぐはぐなんですよ。

——音楽、ヘンリー・マンシーニの妙に元気が出る曲でした（笑）。

本田　トビー・フーパーのホラー映画なのに音楽がちぐはぐ。でも、そこが面白くて。あとは『ミッドナイト・ラン』（88）に『グロリア』（80）、『ニキータ』（90）も。邦画だったら『太陽を盗んだ男』（79）かな。沢田研二が最高だった。『リング』（98）のラストも凄かった。母親が息子を救うために、自分の父親にビデオを見せに行くところで終わりますからね。

——その辺の作品、ほかの方も選んでいましたね。

本田　そうなんだ。やっぱりみんな同じような作品が好きなんですね。

——香港映画の『インファナル・アフェア』（02）や、リドリー・スコットの『オデッセイ』（15）とかもりストアップされてますね。あ、マイク・ニコルズの『卒業』(67)も。

本田　あれもラストが印象的だった。ダスティン・ホフマンが結婚式で花嫁のキャサリン・ロスを略奪してバスに飛び乗る。ふたりの幸せそうな顔じゃなく不安そうな表情で終わるですよ。

今回は娘と選んだんです。彼女は僕より観てるんじゃないかな。まだ21歳だけど、同世代の人よりもダンゼン観てますね。好きな映画の話をしているときりがなくて、本当に楽しいですよ(笑)。

オール・ユー・ニード・イズ・キル

Edge of Tomorrow/2014年/113分/アメリカ
監督/ダグ・リーマン　原作/桜坂洋　脚本/クリストファー・マッカリーほか　出演/トム・クルーズ、エミリー・ブラント

ギタイと呼ばれるエイリアンの攻撃を受けている近未来の人類。苦戦を強いられるなか、米軍の報道官ケイジ少佐は偶然にもエイリアンの血を浴びタイムループするパワーを手に入れる。その使い方を教えてくれたのは"ヴェルダンの女神"と呼ばれる英雄、リタ・ヴラタスキ。死を繰り返すことで、ギタイの頭脳である"オメガ"に近づけるというのだ。メガホンを取ったのは『ボーン・アイデンティティ』(02)等のダグ・リーマン。脚本には『ミッション:インポッシブル/フォールアウト』(18)等、トムとのタッグで知られるクリストファー・マッカリーが参加。原作ではツンデレの美少女兵士だったリタがマッチョでオトナな女性軍人に、ループの謎を解き明かす科学者は天才だけどドジっ子な女子から、オタクなおっさん科学者に変更されている。

押井守のよもやま話

INTERVIEW

017

押井守

PROFILE

MAMORU OSHII

1951年8月8日生まれ。東京都出身。映画監督・アニメーション監督・脚本家。

おもな監督作品に『うる星やつら オンリー・ユー』(83)、『うる星やつら2 ビューティフル・ドリーマー』(84)、『機動警察パトレイバー the Movie』(89)、『機動警察パトレイバー2 the Movie』(93)。『GHOST IN THE SHELL / 攻殻機動隊』(95)、『イノセンス』(04)、『スカイ・クロラ The Sky Crawlers』(08)等。近作に構成・脚本を務めたTVアニメ『火狩りの王』(23－24)。

『スカイ・クロラ』製作時スタッフに観てねと言った映画

——今回の企画でわかったのは、アニメーターの方々は本当に映画をたくさんご覧になっているということでした。そういう映画を観ることで創造のヒントをもらうことはもちろん、大きな刺激を受けることも多々あるようでした。このインタビューでは監督の押井守さんにお願いして、アニメーション制作やアニメーターたちとの関わり方等、業界よもやま話をお願いしたいと思います。

押井さんがアニメーションを作る場合、その作品を説明するためにどんなことをやっているんですか？

押井　監督は基本、これから撮る映画を理解してもらうためにいろんなことをやりますよ。それは国によってもスタジオによっても監督によっても作品によっても違う。共通しているのは「どうやってスタッフに意識を共有してもらうのか」。目指すものを共有化するのは制作においてとても大切なことなんだけど、（アンドレイ・）タルコフスキーみたいに、そんなことはどうでもいいと思っている監督もいれば、ときには誰にも口出ししてほしくない状況だってある。そうなると、周りがみんな敵に見えちゃうんだよね。私はスタッフを皆殺しにするという『トーキング・ヘッド』（92）という実写映画を作ったくらいだから。つくづく映画監督というのは屈折した感情をもっていると思うよ。だって、口出しするなと思う反面、根っ子のところで意識を共有したいと思い、もう片っぽでは、どうせお前らはわからんだろうと思っている節もある。わかって欲しいと思うと同時に、わかってたまるかとも思っているんだよ。観客に対してだって同じですよ。自分の映画を理解してもらいたいと思いながらも、どうせわかりゃしないとも思っている。監督というのは、ひと言でいえば〝こじらせてる人間〟。アンビバレントというのは監督にとって普通なんです。

——押井さんが作品をつくるときスタッフに「この映画を観ておくように」みたいな注文を出したことありますか。

押井　作品ごとに違うんだけど、『スカイ・クロラ

The Sky Crawlers』（08）のときはヴィム・ヴェンダースの『パリ、テキサス』（84）を観てねとは言ったよ。本作で目指しているのは『パリ、テキ』の時間なんだってね。あの独特の時間の感覚。よるべない時間というか、そういう感覚を理解してほしかった。

――みなさん観てくれました？

押井　いや、確かめてないのでわからないけど、まあ観たのは3割くらいじゃないの？　だからといってナスターシャ・キンスキーだけを観ていてもらっちゃ困るんだけど（笑）。

――キャラデザと作監の西尾（鉄也）さんは？

押井　聞いてないのでわかんないなあ。てっつんとは『スカイ・クロラ』で初めてがっつり組みテーマも出した。作監とか美術の人には、その作品に当たってのテーマというのをわりと明快にしておきたいんですよ、私は。だから『スカイ・クロラ』のときは、キャラクターを動かさないでくれと言った。動かさないでほしいんだけど止めてはダメって。

――それは難しいですね。漂っている感じ？

押井　要するに、止めてしまうと時間も止まってしまうからダメ。だからといって時間を生み出すために身振り手振りを増やすのはやめてくれって。最初、てっつんは「わけわかんねえ。禅問答やってんじゃないんだから」「動かすのはダメ、止めるのもダメって、どうするんだよ？　説明してくれよ」って。

――どんな説明したんですか？

押井「悪いけど説明できないんだよ。考えて」だよ。それが私のテーマの出し方なの。私のなかにテーマがあったら、それは答えじゃない。つまり、あんたの脳みそを貸してくれという話。いつも言っているけど、スタッフは監督の単なる手足じゃないの。手足として使い、さらにはあんたの脳みそも使いたいというのが、私のやり方なんです。

――出来上がったのを観てどうでした？　希望通りになっていた？

押井　大満足でしたよ。

――西尾さんはどうやって期待に応えたんですか？

押井　詳しいことは本人に聞いてもらうしかないね。いろいろと工夫をしてくれたし、私もいろいろと考えて提案もした。エフェクトでほこりがゆっくり漂っているのを表現したり、とかね。知恵を絞りまくったんです。

やっぱりアニメーションは〝絵〟だから、何かしら動かさないと時間が止まっちゃう。実写の場合はたとえ役者が動かなくても静止しているものはひとつもない。空気だって密度が変わるわけだからさ。でも、絵であるアニメは、時間がどこにも存在してないし、流れていない。頭と終わりで何も変わってないんだよ。実写映画は必ず何かが変わるから。人間の動きだって本当に静止していることなんてないでしょ。モーションキャプチャーをやってみればすぐにわかる。たとえ止まっているように見えても、絶えず動いているんです。

——西尾さん、『パリテキ』観たんでしょうか？

押井　どうかなあ。たとえ観ていたとしても、どこを観ていたかが重要だから。まあ、8割から9割はキンスキーの娘（ナスターシャ・キンスキー）を観てるの。映画はそういうものですよ。いくら「時間の流れ」と言ったところで、それに気づかないのがほとんどだから。この映画を観ておいてねというのは気休めみたいなもの。何となく作品の雰囲気が伝わればいいかなというくらいですよ、やっぱり。

アニメはヌエ的 正体がよくわからない

——ほかの作品のときはどうでした？

押井　うーん……もしかしたら『天使のたまご』（85）のとき、タルコフスキーの映画を観といてくらい言ったかもしれないけど、よく憶えてないなあ。『天たま』で印象的だったのは、あるアニメーターに「たまごの重さはどれくらいなんですか？　それがわからないと描けません」と言われたこと。私はそれまで観念的なことしか考えてなかったから、咄嗟に答えられなかった。この質問は強烈に憶えている。アニメーターは実感の世界に生きているということですよ。でも、それは実写でも同じ。感覚の再現という意味では同じなんです。チャンバラのシーンを撮影するとき、竹光の刀やジュラ刀（アルミ合金製の模造刀）を使ったりするけれど、それで真剣の重さを表現できるような演技は難しい。だから勝新太郎のように真剣を使って大変なことになったりする。目に見えるものとして何を表現するかという意味ではアニメも実写も同じなんです。

――なるほど！

押井　みんな、いろんなレベルで努力する。ニセモノを作っているからこそ努力するの。ただ、アニメというのは実写映画と比べると、そういうヌエ的な部分が多いとは思う。

――ヌエ的ってどういう意味ですか。

押井　あの鳥のヌエですよ。なんだかよくわからない生き物として扱われているでしょ。つまり、よく正体がわからない。アニメもよく正体がわからない。実写の場合は、カメラに映すべき何かがそこに存在している。合成する場合だってグリーンバックで撮る。全部CGで撮りましたなんていうのは実写映画とは言わない。アニメーションだよ。

アニメーションは、何もないところからカタチを作り始める。しかも集団で、ハンパない人数で。だから、監督は説明するしかない。キャラクターについて、物語について、世界観について説明し、演出のキモがどこにあるかも伝える。でも、そうやって一生懸命、説明しても、伝わるのはおそらく半分以下。「お前ら、ヤル気あんのか？　オレはこの作品に命かけてんだから！」って、さっきも言ったように殺したくなるんです（笑）。「そういうのって監督の仕事でしょ？　言われたら言われた通りやるから」というのが彼らの言い分なんだよね。

ただ、そうじゃないアニメーターももちろんいる。そういうこと、監督のちゃんとした説明がないと描けないという人たちですよ。さっきいったてっつんもそうだし、この企画に参加している師匠（本田雄）もそう。演出まで関わろうとするし、そういう自覚もある。自分がモノを作るときは、そのセンターにいるべきだと思っているし、それができるという自信もある。彼らはいろんなことを聞いてくるけど、それは当たり前なの。

――今回参加してくださったクリエーターは、そういう方々ばかりですね。

押井　だろうね。でもさ、監督がいつも説明できるわけじゃないんだよ。説明できないから映画を作っているんだからさ。説明して、喋ってわかるようなものを作ってないから大変なんです。説明しろと言われても無理、という瞬間が絶えずあるの。さりとて、わけもわからず作っていていいのかという想いもあり、できればわかって欲しいという願望がある。『攻殻』（『GHOST IN THE SHELL／攻殻機動隊』〈95〉）のとき、スタッフはたぶん、誰もわかってなかったんじゃないのかな。士郎（正宗）さんの原作漫画自体が難解だし、よくわからなかったんだよ。

アニメーションだけがもつ情緒

――でも押井さん、原作とは凄く違ってましたよ。

押井　いえ、私は原作に忠実にやったつもりです。多少の置き換えはあったけどね。あの作品は基本〝ゴースト〟とは何ぞや、という話。が、それを説明できる人がいるのか？ってことですよ。私はキャンペーン等でアメリカに行って、さんざっぱら質問されたから。「で、ゴーストとは何ですか？」ってね。私のほうもたとえ話にするしかない。「あの植木鉢にもたぶん、ゴーストはあると思います」とか「女の子が3、4年大切にした人形にもおそらく、ゴーストは宿っていると思う」。日本人にとってはそういうものでしょ？　日本人は何でも供養するじゃない。針供養とか人形供養とか、動物からモノに至るまで供養する。その対象がなんであろうと、想いをもって接したものにはゴーストが宿るというのがわかる。でも、それが海外の人にはわからない。

――スピリットとは違うんですか？

押井　違います。スピリットは神様が与えてくれたものなんです。だから、それ以上は説明できない。

――ゴーストって魂だと思っていたんですが。

押井　それが一番近いとは思うけど、厳密にいうと訳せないの！　魂というと、その反語として肉体が出てくるでしょ。そうじゃないから。日本で魂というと、もっと一次元的なものですよ。

だから、スピリットと違うといくら説明しても理解しようとしてくれないのが西洋なの。もう、しょうがない。文化が違うんだから。何千年とかけて作り出したある種の情緒。観念ではなく情緒なんです。情緒をどう説明するんだということですよ。

――そう言われるとそうですね。

押井　実は説明できないことが世の中にはたくさんあることを、なぜみんな理解してくれないんだと思うよね。みんな、何でも説明できると思い込んでいる。教えてくれというのは、答えがあると思っているから。答えがないことを理解してくれないの！若い人のほうがその傾向が強いんじゃない。どんなものでも答えがあり、正解があると思っている。実人生のなかで正解がわかるなんて、ほんの一部。ほとんどのものは語れないということが理解できない。死、だってそうだよ。歴史上、死を理解したのは数人いたけど、私は疑っていますからね。学校教育のせいで、みんな説明ができる、正解があると決めつけちゃっている。

――『攻殻』で、みなさんと共有したのはリドリー・スコットの『ブレードランナー』（82）？

押井　みんなそう思っているようだけど、違います。みんなで共有することはなく、バラバラにやった。つまり、それぞれが勝手に作り、それをまとめたのが私というだけです。一応、指示はしたけど、それだけ。たとえば、水路で素子が空を見上げたとき、どんな表情をするか、想像してみて……というような指示をしただけ。それしか言いようがない。『イノセンス』（04）なんてもっと説明できない。

だって人形なんだから。人形を描くというのはアニメーターにとって一番酷なことだよ。彼らの仕事はどんなものにでも命を宿らせること。コップさえも動き出すのがアニメの世界なんだからね。アニメーションは正しくはリ・アニメーション。生命を吹き込むことなんです。人のカタチをしていて人間のように動くのに、生命のない人形を描くのは、だからアニメーターにとってもっともハードルが高いんです。素子はまだいいよ。サイボーグだから。まばたきをしないとか、必要なとき以外、表情が変わらないとか、そういうことを守れば素子になる。でも、人形は空虚そのもの。本当に難しいと思っていた。

から観られるんで、実写だと生々しくて観られない。『天たま』だって、もし実写にしたらとんでもない話になる。そういうふうに考えると、やっぱりアニメーションは抽象なんです。私は絶えずそれを自覚しながらやってきた。抽象のアニメをどうやって使いこなすのか？　だから、しょっちゅう感情がないと言われていたんですけどね（笑）。

自分で絵を描けないので客観的にアニメーションを作ってきたつもり。それを自分のなかで解禁したのは『スカイ・クロラ』だけ。その情緒は『パリ、テキサス』をベースにしたということです。

――となると、やっぱり沖浦（啓之）さん凄いですね。あのラストの人形から魂が抜けて身体が崩れ落ちるシーン、めちゃくちゃ感動しました。

押井　凄いよ。私だってびっくりだよ。あのシーンは本当に素晴らしい。だから、いろいろ言うけど、沖浦のアニメーターとしての才能は最大限に評価しているんだって。そういうのは努力して手に入れる能力じゃないの。世の中にはそういう天賦の才というのは確実にあるの！

――いらっしゃいますね、そういう方って。

押井　宮（宮崎駿）さんとか黄瀬（和哉）とかね。黄瀬が描く女性には、絵だけがもっている特別の何かがある。色気とか艶とかエロチシズムとか。それもある種の情緒なの。それは絶対に実写では出てこない。アニメーションの怪しい魅力というか、正体不明の一部なんだよね。絵だからこそ独特の情緒がある。実写やスチル写真では絶対無理な情緒だよ。『火垂るの墓』（88）で、兄の清太が亡くなった妹の節子を火葬にしようと隣町まで炭を買いに行くシーンがあるんだけど、本当にゾッとした。あれは絵だ

初出一覧

梅津泰臣	雑誌『TV Bros.』2021年8月号、2021年7月
足立慎吾	2021年8月〜9月
平尾隆之	2021年9月〜10月
荒木哲郎	2021年11月〜12月
伊藤智彦	2021年12月〜2022年1月
川元利浩	2022年4月〜5月
湯浅政明	2022年5月〜6月
本郷みつる	2022年7月〜8月
川崎芳樹	2022年8月〜9月
結城信輝	2022年10月〜11月
今石洋之	2022年12月〜2023年1月
馬越嘉彦	2023年2月〜3月
長濵博史	2023年3月〜4月
平松禎史	2023年5月〜6月
神山健治	単行本化に際してあらたに収録
本田雄	単行本化に際してあらたに収録
押井守	単行本化に際してあらたに収録

聞き手・構成・文　渡辺麻紀
映画ライター。『TV Bros.』『S-Fマガジン』『アニメージュ』等に映画コラム、インタビュー等を寄稿。聞き手・構成・文を担当した書籍に押井守著『誰も語らなかったジブリを語ろう 増補版』『押井守のサブぃカルチャー70年』(小社刊) 等。

装丁・デザイン　キッドインク(石塚健太郎＋堀内菜月)
編集　桜木愛子、塚崎雄也（TV Bros.編集部）

アニメ人《じん》、オレの映画《えいが》3本《ぼん》
第1刷　2025年3月31日

責任編集　TV Bros.編集部
発行者　奥山 卓
発　行　株式会社東京ニュース通信社
〒104-6224　東京都中央区晴海1-8-12
☎03-6367-8015
発　売　株式会社講談社
〒112-8001 東京都文京区音羽2-12-21
☎03-5395-3606
印刷・製本　株式会社千代田プリントメディア

ISBN 978-4-06-539421-2

THE END